世界一のベンチで起きたこ

2023WBCで奔走したコーチの話

城石憲之

ワニブックス
PLUS新書

はじめに

２０２３年３月21日の夜、アメリカ・フロリダ州マイアミにあるローンデポ・パークは、異様な雰囲気に包まれていました。

ワールド・ベースボール・クラシック（ＷＢＣ）２０２３決勝、日本対アメリカ戦。３－２と日本が１点をリードして迎えた９回ウラ、ツーアウトランナーなし。マウンドには大谷翔平。バッターボックスには、メジャー最高打者マイク・トラウトがいます。あとアウトひとつで日本が念願の世界一奪回、しかし一発が出れば同点という緊迫した場面、カウントは３ボール２ストライク。

内野手に守備位置を指示する。試合展開に応じて交代選手に準備を指示し、栗山英樹監督に選択肢を進言する――それらが内野守備・走塁兼作戦コーチとしての僕の仕事でした。でも、今やるべきことはありません。ロサンゼルス・エンゼルスの僚友二人、メジャーの頂点にいる二人の勝負を見つめるだけです。

いつもの僕なら、トラウトが出塁した場合、その後に起き得ることを考えているところですが、それもしませんでした。

翔平がこの勝負に勝って、試合が終わることしか想像していませんでした。打たれるんじゃないかとか、四球を出すんじゃないかとか、そんなイメージはまったく浮かんでこなかったのです。

そこから遡《さかのぼ》ること1カ月前、宮崎での代表合宿のこと。栗山監督が僕と二人で話しているときに言いました。

「WBC決勝戦。最終回のマウンドには〝ある投手〟がいて、ガッツポーズしているイメージがあるんだよね」

それが誰とは言いませんでしたし、僕も聞きませんでしたが、漠然と「翔平なのかな」

と思いました。

「日本のプロよりもメジャーリーグへの憧れが強く、マイナーからのスタートを覚悟の上でメジャーリーグに挑戦したい」

２０１２年秋のドラフト会議に向けて、翔平はＮＰＢ各球団に対して、指名されても入団交渉に応じないので指名しないでほしいと伝えていました。

ドラフトの「目玉」となる高校生が、日本のプロ野球への入団を拒否してアメリカでプレーをした事例は過去にありませんでしたが、そのような選手が現れるのも時間の問題だろうと目されていました。

日本のアマチュア選手がＭＬＢ球団と契約するには、一度は日本のドラフトを経なくてはならないのがルール。翔平が希望するとおり、翔平がプロ志望届を出した上で、ＮＰＢ球団が指名を回避し、その後ＭＬＢ球団と契約するとなれば前代未聞の出来事です。もしそれが成功例となれば、同様のコースを希望する高校生が続出するでしょう。球界には激震が走っていましたが、関係者のほとんどが、それが時代の流れであり、やむを得ないとことだと受け止めていました。

そのため、各球団が回避して別の選手へと指名方針を固めていったのに対し、栗山監督率いる北海道日本ハムファイターズだけが、時代の流れに逆らうように敢然と立ち向かいました。

「大谷君には本当に申し訳ないけれど、指名をさせていただきます」という事前の発言のとおり、ファイターズは単独で翔平を1位指名したのでした。

入団交渉権を獲得したファイターズは、NPBで力をつけることがMLBでの活躍を確実にする近道だと訴えました。その主張を過不足なく伝えるために『大谷翔平君 夢への道しるべ』という30ページに及ぶ提案書を作成し、他国（韓国）での事例や、ファイターズからMLBへのポスティング移籍を成し遂げたダルビッシュ有のケースなどを挙げながら、メジャー移籍までの設計図としてまとめあげました。

翔平の心を動かしたといわれている提案が「二刀流」でした。投手と打者どちらにも非凡な才能を持つ翔平に、どちらも諦めないという斬新なソリューションを示したのでした。

当初は予定どおりMLBを目指すといわれていましたが、翔平自身の将来のために親身になってバックアップするという姿勢を徹頭徹尾訴えた栗山監督に、翔平は心を動かされたのだと思います。栗山監督のまごころに触れ、日に日に心境が変化したといいます。

翔平はついにファイターズ入団に合意。背番号はダルビッシュがつけていた「11」に決まりました。

二刀流をひっさげて世界を驚かせる——そのプランに基づいて翔平のチャレンジが始まります。

前例がない、根拠がない、早くどちらかに決めなければ将来はない……。そんな声を浴びながらも、翔平は着実に努力を続け、成果を上げていきました。栗山監督が翔平を信じていたから、翔平も自分を信じることができました。

もしもあのとき、栗山監督がファイターズの監督でなかったら、大谷翔平という逸材が日本プロ野球で活躍する姿はありませんでした。おそらく、世界を驚かせ続ける「二刀流」に取り組むことも、その道を究めようと継続することもなかったでしょう。今日のShohei Ohtaniの姿はなかったはずです。

二人がどれほど強い信頼で結ばれているか、どれほど強い絆で結ばれているか、外からはわかりません。でも、それが普通の「監督と選手」の関係性でないことはわかります。栗山監督にとっての「特別な投手」は、大谷翔平以外にあり得ません。

ただ、WBCの優勝決定の瞬間に翔平がいるためには、先発して完投するか、クローザーとして登板するかしかありません。

第2回大会ではダルビッシュがリリーフに回り優勝投手なっているので、それはありそうです。でも、二刀流でチームを引っぱる翔平に、クローザーまで務めさせるのは現実的ではないようにも思えました。

いや、それでも栗山監督が優勝シーンとして思い浮かべるとしたら、翔平以外にはあり得ないだろうなと思ったのでした。

栗山監督が侍ジャパンの監督に就任する少し前、僕は北海道栗山町の「栗の樹ファーム」へ栗山監督を訪ねたことがありました。

栗山監督が私財を投じて造った栗の樹ファームは、まさに日本の『フィールド・オブ・ドリームス』。緑豊かな敷地に造られた少年野球グラウンドがあり、傍らのログハウスには、大谷翔平をはじめとするスター選手たちの用具が展示されています。野球への愛情が満ちあふれる場所でした。

そこで野球の話をたくさんしたのですが、栗山監督が思い出したかのように「アオダモの木を植えようよ」と言いました。

バットの材料として知られるアオダモ。でも、そうなるまで育つには約60年という時間を要するのだそうです。

僕は栗山監督と一緒にスコップで穴を掘り、自分がこの世にいなくなったずっと後にバットとして活用されるアオダモの苗を植えました。

栗山監督は、いつでも野球の未来のために自分ができることを考えているのだと、あらためて思い知りました。

マウンドに翔平、打席にトラウト。満員のスタンドの興奮は頂点に達しています。世界中の野球ファンが、固唾を呑んでこの瞬間を見つめていることでしょう。

WBC2023ファイナルのクライマックスで、この大会を象徴する二人のプレーヤーが対決する。これは栗山監督が信じる「野球の神様」が、栗山監督のために用意した最高のプレゼントなのだ――僕はそう思って、疑いませんでした。野球のために、野球の未来のためにすべてを捧げてきた栗山監督の人生。すべてはここにつながっていたんだと、そんなことを考えていました。

フルカウントから大谷が投げたスイーパーが外角へと大きく曲がり、トラウトのバットが空を切りました。翔平がグラブを、帽子を放り投げて感情を爆発させると、選手たちがわれ先にと一斉に駆け寄りました。

僕はベンチ下で栗山監督と握手をしました。栗山監督とはこれまで何度も勝利の握手をしてきましたが、海を越えてマイアミの球場で栗山監督から力強く手を握られたとき、運命の不思議さを感じないわけにはいきませんでした。

実は、栗山英樹という人が僕の人生に大きな影響を与えたのはプロ入り前、僕が19歳のときでした。

その頃、僕は野球から遠ざかっていました。推薦で進んだ大学を中退し、将来への展望を完全に見失って、これからの人生をどのようにすればいいのかわからず、フラフラと漂っていた時期でした。

そんなときに出会った一冊の本。それは、栗山監督が現役時代に著した『栗山英樹29歳　夢を追いかけて』という本でした。

どういう経緯でその本にたどり着いたのか、今でははっきりと思い出せませんが、何気なく読み始め、読み進めるうちに、もう一度野球がやりたい、プロ野球選手になりたい……静かに、その思いが湧き上がってきたのでした。

諦めずに夢を追いかけることの大切さを教えてもらった、まさに僕の「人生を変えた一冊」でした。

それからおよそ30年。栗山監督に導かれ、こうして一緒に世界一を掴み取りました。

もしも栗山英樹という人物と接点がなかったら、僕はプロ野球選手になっていません。当然、コーチになることもなく、今この場にもいません。運命とは本当に不思議なものです。

今回、縁あって出版のお話をいただきました。選手として15年、コーチとして14年目、一度もユニフォームを脱ぐことなく29年目のシーズンを過ごしているのは、縁や運に恵まれ続けているからだと、自分が一番よくわかっています。

ただ、偉そうなことを言うつもりはありませんが、その長い間、ずっと球団から必要とされてきたという自負と誇りもあります。

毎年ドラフトで100人を超える選手が入り、同じくらい多くの人たちが去り、多くは現役を引退していくNPB。コーチの枠も限られています。非常に激しい競争社会であり、結果責任を問われる厳しい職務でもあります。

そんな世界で、結果としてコーチという仕事に恵まれている僕が、日々どんなことを考えてきたか、どう行動してきたかを伝えることに、少しは意味があるかもしれません

――そう考え、引き受けることにしました。

短いようで長く、決して簡単な道のりではなかったWBC2023。コーチとして体験したその戦いや、栗山監督と侍ジャパンのメンバーたちのことも余すことなく語るつもりです。

あわせて、僕が侍ジャパンのコーチになるまでに、どんな野球人生をたどってきたか。東京ヤクルトスワローズでの現在の仕事について。また、これからの展望についても記したいと思っています。

僕が栗山監督の本で野球への情熱を取り戻し、それが人生を変えるきっかけになったように、この本が誰かの役に立つようであれば、これほど幸せなことはありません。

目次

第2章　2023侍ジャパンのチームづくり……43

第3章　1次ラウンド・準々決勝——点差に表れない怖さ——……61

第1章　侍ジャパンのコーチになる

栗の樹の誓い

栗山英樹監督は、2021年シーズンをもってファイターズ監督を退任することになりました。僕も時を同じくしてファイターズを離れ、2022年シーズンはスワローズでコーチをすることになっていました。

栗山監督は10シーズンもの長きにわたりファイターズで指揮を執りましたが、僕はそのうち7シーズンを同じチームのコーチとして過ごしました。とくにファイターズが日本一になった2016年からの4シーズンは一軍打撃コーチとして、栗山監督と一緒にペナントレースを戦いました。

7年間お世話になった栗山監督にあいさつをしたいのと、いろんな人から話には聞いていた栗の樹ファームがどんなところか見てみたいのとで、2021年の11月に栗山監督の住まわれる栗の樹ファームに伺いました。一度は訪ねたいと思いながら、なかなか機会がなく、ようやくお邪魔することができました。

芝の野球場、ログハウスの資料館。その隣に監督の住居があり、監督が世話をする畑があります。のんびりしたところです。

プロ野球の監督というのは常に決断、決断の連続です。勝負の重圧にさらされ、その結果がチームの勝敗に直結し、起用する選手たちの生活をも左右します。だからこそ、勝負の世界から離れた、のんびりできる場所は必要だと思います。

いや、栗山監督のことなので、野球のこともここでゆっくり考えているに違いありません。この場所があるおかげで、監督業という激務を10年もの間続けることができたのだなと思いました。

その日、野球の話に限らずいろんな話をして、「はじめに」でも触れたアオダモの植樹をして、僕ものんびり過ごしました。

「これから先、もう一回ユニフォームを着ることがあったら、また一緒に勝負したいよね」

そのとき、栗山監督が言ってくださった言葉が、僕にはとても嬉しかったのを覚えています。

僕は２００９年秋に現役を引退してからコーチという仕事を得て、一度もユニフォームを脱ぐことなく現場にいますが、一軍打撃コーチとして栗山監督のそばにいた4シーズンは、まさに一緒に勝負をした、かけがえのない時間でした。

だから、もし再び栗山監督が「戦闘服」に身を包み、勝負の場に出るときに僕にも声をかけてくれるのなら、どこにいても馳《は》せ参じたい――。

「ぜひやりたいですね」迷わずそう答えました。

侍コーチの打診はとくになく

それからひと月もたたない12月2日、栗山監督は侍ジャパン監督就任会見に出席していました。僕が栗の樹ファームに行ったあの日の段階では、そんな話は噂にも出ていませんでした。でもよく考えれば、そうすぐに決められるような話でもないので、すでに栗山監督への打診はあったのでしょう。

僕はそんなこととはつゆ知らず、監督退任をねぎらうつもりで行きましたから、「しばらくはゆっくりできますね」なんて、のんきなことを言っていました。

時間がゆっくり過ぎていくような栗の樹ファームが、そんなのんびりとしたおしゃべりをさせたのです。

栗山監督は、そんな僕に話を合わせながら、心の中では「もうそれどころじゃないんだよ」と思っていたかもしれません（笑）。

栗山監督が就任したというニュースを見ながら、その大変な決断をした栗山監督には、なんとしてでも「世界一」の称号を奪還してほしいと思いました。

それと同時に、あのときのあの「一緒に勝負したいね」の言葉を思い出し、侍ジャパンのコーチとして僕を呼んでくれるのだろうかとも考えていました。もし本当にそうなったら、どんな形でも栗山監督を支えたい――。

でも、その後そういった動きはありませんでした。本来は2022年のシーズン開幕前に予定されていた台湾などとの強化試合がコロナ禍で中止になり、栗山ジャパンのコーチングスタッフは「組閣」されませんでした。

シーズン中、栗山監督が精力的に各球団を視察しているという話題は時々聞こえてきましたが、とくに栗山監督からの連絡もなく、僕はスワローズの二軍コーチとして20

22年シーズンを忙しく過ごしました。

シーズンが終わった10月、侍ジャパンのコーチ陣が発表されました。白井一幸ヘッドコーチ、吉村禎章打撃コーチ、清水雅治外野守備・走塁コーチ、吉井理人投手コーチ、村田善則バッテリーコーチの5人。11月に行われる強化試合は、この5人で戦うとのことでした。

栗山監督が「もう1回ユニフォーム」を着ることになりましたが、さすがに侍ジャパンのユニフォームは別なのかな……発表されたコーチングスタッフには自分の名前がなかったものの、まだあるかもしれないと思う自分もいました。

「一緒に勝負したいね」の意味

強化試合が終わったあとの12月、「栗山さんから侍ジャパンのコーチにという話をもらったが、どうだ?」と球団から連絡がありました。僕は「ぜひやりたいです」と返事をしました。

一緒に勝負できる――嬉しい気持ちでいっぱいでした。

僕の意向は伝えましたが、派遣するかしないかはあくまでも球団の判断です。ほどなく球団からも快諾していただきました。

すぐに栗山監督から電話がありました。

「この時期になってしまって悪かったが、内野守備・走塁、それと作戦担当として、ベンチの中でまた一緒にやってくれないか」

もちろんふたつ返事で「はい、お願いします」と答えました。

僕と同時に、厚澤和幸ブルペン担当コーチが追加され、これで7人のコーチが揃いました。そのうち、2016年にファイターズが日本一になったときの一軍コーチが、白井コーチ、吉井コーチ、厚澤コーチ、僕と4人揃いました。

その2016年、ファイターズでの僕の担当は打撃コーチでした。

打撃コーチというと、打者にバッティングを教えるのが仕事だと思うかもしれませんが、僕の場合はそれとはずいぶん違っていました。

試合中はどちらかというと「攻撃担当ベンチコーチ」のような感じでした。試合展開を見ながら、代打や代走が必要になりそうなのを早めに予測して、選手に準備を指示し、交代選手のスタンバイがＯＫであることを監督に伝えます。

監督から言われてやるのでは僕がいる意味がありません。指示を待つのではなく、僕が自分で判断してタイムリーに監督に選択肢を進言する。そうすることで、監督は「行くか行かないか」の決断に集中してもらうことができます。

自分なりに考えて、監督が打てる手を先回りして準備しておく。そんな仕事をずっとしていました。

進言はタイミングが重要

もちろん、想定した状況にならないなど、準備が空振りになることもありますが、準備不足で監督が打ちたい手が打てないという事態だけは、なんとしても避けねばなりません。

代打や代走として途中出場する選手の準備といっても、その重要性があまりよく理解してもらえないかもしれないので、もう少し説明を加えることにします。

スターティングメンバーの選手は、打順が決まっていますから、打席でどんなボールを狙おうとか、投球を見ながらタイミングを合わせるとか、自分なりのルーティンを進めながら心の準備を整えて打席に向かうことができます。

でも、代打で起用される控え選手は、いつ出番が来るかわかりません。だからといって、常にいつでも出られるように準備をして、張り詰めた心理状態で待機しているというのは現実的ではありませんし、むしろ集中力が散漫になってしまいます。

そこで、「もし状況がこうなったら、出番があるかもしれないぞ」とあらかじめ伝えておけば、それに合わせてバッティンググローブを着けたり、それぞれのルーティンをこなしたりしながら、集中力を高め、最高の心理状態で打席に向かうことができます。

選手に伝えた後は、想定される局面と控え選手の準備ができていることを栗山監督にも伝えます。

監督に伝えるときは、タイミングに注意が必要です。作戦を決め、決断をするのはあくまでも監督ですので、その思考を邪魔しないように、またタイムリーに決断できるよう、遅くなりすぎないようにしなくてはいけません。

今だったらいいかなという間合いを自分なりに探りました。長年やり続けたことで、少なくとも「なぜ今それを言う？」と思われるようなタイミングでは言わなくなったと自分では思っています。

今回、侍ジャパンで僕に与えられた担当は、「内野守備・走塁兼作戦コーチ」でした。コーチの陣容は、その頃のファイターズに似ていましたから、僕にはこの「作戦コーチ」の部分が、あの年と同じ仕事を期待されているのだと、すぐにわかりました。

それが「一緒に勝負したいね」の意味だろうと確信していました。

「選手は頼ってくるから、話を聞いてあげて」

侍ジャパンのコーチとして、もうひとつ栗山監督に言われたのは、「選手は絶対に城石コーチを頼ってくる。必ずいろいろと話をしてくるから聞いてあげてほしい」ということでした。

それもファイターズ時代と同じイメージだったのだと思います。

僕はプライベートまで選手とベタベタするようなことはまったくありませんが、グラウンドにいる限りは選手とコミュニケーションを取りたいと思っています。

選手が何を考えているかを知りたい。

どういう意識で練習しているかを知りたい。

それに対して、できるだけのヘルプをしてあげたい。

自分の思うことを伝えながら、選手が考えを整理する助けになりたい。

それは常に考えてきたことです。

国際大会ともなれば、たとえ日本球界のトップの選手たちでも、不安や恐怖と戦うことになるので、誰かに心情を聞いてほしくなる。そのとき、ざっくばらんに話しやすい人が必要になるから、いろいろと聞いてあげてほしい……栗山監督からそんなことを言われました。

ただ、選手に頼られる予定の僕自身、日に日に不安と恐怖を感じるようになっていきました。国際大会なんて経験もありません。侍ジャパンのメンバーといえば、当然日本を代表するトップの選手たち。そんなすごい選手たちを集めて、負けるわけにはいきません。ＷＢＣやオリンピックで負けたとき、世間の風当たりが強かったのを思い出しました。

コーチミーティングでメンバーを選抜する

遅れてコーチングスタッフに選ばれて、宮崎の合宿に入る前の12月から1月にかけて、3回のコーチ会議が行われました。

12月の第1回の集まりはリモートで、第2回は実際に集まれましたが、3回目もリモートでした。

会議の進め方は、ファイターズ時代のまま。栗山監督が意見を求めて、各コーチに話題を振って発言させる、トークバラエティ番組のようなスタイルです。

必ずしも自分の管轄のことだけでなく、専門外のことでもそれぞれが自由に発言するのが特徴です。

栗山監督は、たとえ発言が的外れだったとしても、それを揶揄《やゆ》するようなことは一切しませんから、誰もが安心して自由に意見を言えます。

こう言うのが正解なのか、みたいな忖度《そんたく》は不要。思ったことを率直に言い合います。投手コーチから野手コーチに意見を求めたり、その逆だったりというのは当たり前に行われます。

いろんな意見を吸い上げて、最後は監督が決定、決断をしていきます。白井コーチ、吉井コーチ、厚澤コーチ、それに僕は慣れているので、「いつもどおり」という感じでした。

第1回と第2回のコーチ会議の主な議題は、選手の人選でした。栗山監督から選手名が挙げられ、それぞれの見地から意見を吸い上げていきました。

正直な話、候補となっている選手、とくに投手のことを全部深く知っているわけではありませんが、それでもそれぞれのコーチがチームを編成する上で大切なことを自分の考えとして発言することにはとても意義があると感じました。

2回のコーチ会議でメンバーは決まっていて、3回目の会議では練習メニューなど合宿以降のことを打ち合わせしました。

侍ジャパンにおける内野守備・走塁コーチの仕事

「内野守備・走塁兼作戦コーチ」のうち、作戦コーチの部分は先に説明しました。では、前半の内野守備・走塁コーチとしての仕事はどのようなものでしょうか。

簡単に言うと、内野手を全般的に管理するということです。本番に調子のピークを持っていけるよう、コンディションをチェックしながら、練習のメニューを考えるのが重要な仕事です。

試合中の重大な任務は内野の守備位置を指示することです。ピンチの場面で、前進隊形でホームに投げるのか、併殺を狙うのか。それらを複雑に組み合わせるバリエーションもあります。

また、相手チームの打者の打球方向を把握し、守備位置を微調整したり、シフトを敷いたりするのを指示します。

僕は、単純に知らないチーム、知らない選手の映像を見るのが好きなので、ノートを作って、対戦チームの打者について書き込んでいきました。その資料を見ながら、まだ見ぬ世界の強打者たちに対して、どのように守ればいいかをシミュレーションしました。

走塁については、三塁ベースコーチは白井コーチが、一塁ベースコーチは清水コーチが担当したこともあり、それほど僕は比重が高くありませんでした。

国際大会ならではの仕事として、バッティング投手も務めました。僕は内野手、外野手問わずほとんどの打者に投げました。

ノックは実戦に近い打球を

内野守備の調整に、ノックは欠かせません。一口にノックと言っても、練習の目的によっていろいろな打球を打ち分ける必要があると僕は思っています。

基本動作の反復練習用であれば、捕りやすい簡単な打球でもかまいませんが、実際に守備力を向上させたいとか、ゲームに対する準備をしたいというのなら、ノックでもより実戦の打球に近くなるように打ったほうがいいに決まっています。

ところが、普通にノックを打つと、実際に試合で飛んでくるゴロの打球とは全然違うものになってしまうのです。

試合で飛んでくるゴロのほとんどは、打者の打ち損じです。本当は真芯近くで捉えるつもりで振ったのに、変化球に対応できなかったり、思った軌道でバットを振れなかったりして、ボールの上側にバットが当たることでゴロになることが多い。そのため打球にはトップスピンがかかります。

普通にノックを打つと、上から切るようにコンタクトするため、打球にバックスピンがかかってしまいます。トップスピンのゴロは勢いがつき、処理が難しいのですが、逆にバックスピンのゴロは打球の勢いが弱まり、ふわっと捕りやすいバウンドになりやすい。

また、普通にノックを打つと、ストライクゾーンのど真ん中から高めあたりでバットとボールがコンタクトします。遠くのものより近くのもののほうが扱いやすいからです。高いゾーンで捉えた打球をゴロにしようとすると、叩きつけるような角度で打つことになるので、バウンドが高くなります。これもやはり選手にとっては捕りやすいバウンドになります。

だから「普通のノック」では、打球の回転も、ボールの出所も実際の試合で飛んでくるゴロより簡単なものになりがちなのです。

ただ、外から見ている分には、打つほうはど真ん中をカッコよく打って、捕るほうはイージーな打球をカッコよく捕るのですから、見栄えはよくなります。

でも、試合のゴロを再現しようとするなら、それでは不足です。低めの球を打ち損じて、ボールの上っ面を叩くのが基本です。

ノッカーは、打ち損じを再現するのですから、カッコ悪い打ち方になりますし、打球は本番さながらの難しさですから、捕るほうも簡単にはいきません。見栄えが悪いのです。

守備名人にほめられる

実際には、高めの直球に詰まってゴロになることもあります。バットの根っこに当たってまったく勢いのないボテボテのゴロになることもあります。いろんな打ち方で、いろんな打球を再現できれば、いい練習になります。

選手が気持ちよく捕れる球ばかりを受けていても上手くなりませんから、ノッカーも気持ちよく打ってばかりではいけない。そう思って、少しでも本物の打球に近づけるよう意識して、日々のノックを打つようにしてきました。

もちろん、そういう工夫は僕だけでなく、きっと他のコーチも同じように考えて、やっているのではないかと思っているのですが、本当のところは調べたことも聞いたこともないのでわかりません。

ただ、僕が現役のときは、そういうノックをするコーチに巡り合った記憶がないので、意外とそれをやっている人は多くないのかもしれません。

ちなみに今回、侍ジャパンでは源田壮亮が僕のノックについて、「いろいろな打球を打ってくれる」「生きている打球」「すごい技術」と、メディアでベタ褒めしてくれました。

別にお世辞を使う必要なんてない立場なので、本心から言ってくれたのではないかと思います。ＮＰＢ随一の守備名人にそう言ってもらえて、とても嬉しかったです。

こうして、侍ジャパンのコーチとしての日々が幕を開けました。

第2章　2023侍ジャパンのチームづくり

2023侍ジャパン始動

宮崎で行われた侍ジャパンの合宿は、2月16日にそれぞれ所属球団のキャンプから離れて集合、17日から練習を開始しました。

練習開始の前に会議室に選手、スタッフが全員集合して顔合わせをしました。栗山監督からの言葉は、みんなの力を合わせて、このチームで絶対にベースボール発祥の地・アメリカに勝とう、といった言葉でした。

「ベースボール発祥の地であるアメリカに勝つ」というのは、その後も栗山監督が口癖のように言い続けた言葉です。

「世界一」という言葉よりも、「アメリカに勝つ」という言葉を選んで使ったことにどのような意味があるのかはわかりませんが、目標がより具体的なイメージとして、共有されたのは間違いありません。

栗山監督は、「俺についてこい」とグイグイ引っぱるタイプのリーダーではありません。自分を中心にするのではなく、まず野球選手一人ひとりへの尊敬があり、その力を信じて、どのように引き出すかを考える。最大限に出した力をひとつにまとめることで大きな力に変えていく、そんなリーダーシップのとり方をする監督です。

「選手へのリスペクト」と言葉で言うのは簡単ですが、僕はとても難しいことだと思っています。僕などは選手をリスペクトしているつもりでも、場合によっては「こいつはまったく……」みたいな邪念がどうしても入ってしまいます（笑）。

その点、栗山監督は本当に純粋に選手をリスペクトできる人だということを僕は知っています。野球の未来をいつも考えるから、選手一人ひとりの未来を考えています。どんな可能性があるだろうかと、いつも考えていて、明るい未来を信じているのだと思います。

この顔合わせの場で僕は、栗山監督から以前言われた「話しやすいコーチ」という役割が果たせるように、「できることはなんでもするし、なんでも手伝いする。それから、監督に言えないようなことでも、僕を通してくれればいいので」と選手たちに伝えました。

トップ選手たちを前に緊張感が高まる

合宿メンバーで僕と馴染みがあったのは、同じスワローズの山田哲人と村上宗隆、中村悠平、あとはファイターズにいた近藤健介、ファイターズコーチ時代にオールスターゲームの手伝いに行ったときに面識ができた源田くらいでしょうか。

ＭＬＢ組の翔平、吉田正尚、ヌートバーは合流しませんでしたが、ダルビッシュは来ていました。

すごいメンバーが集まっているのを見て、あらためて緊張感が高まりました。

もちろん最初は、緊張感もあり、面識もない間柄なので、最初からなんでも話し合えるかというと、なかなかそれは難しい。でも、内野手担当としてノックやいろんな練習をしている中で、いろんな話が生まれてきます。

たとえば練習が終わって集まったときに、グラブなど用具の話で情報交換が始まったりします。みんないろいろ聞きたいこと、言いたいことがある。そういうときには僕も積極的に輪の中に入っていきました。そうすることで相手が僕に興味を持ったり、逆に僕が選手に興味を持ったり。そうすると話題も広がっていきます。

栗山監督には、そういう「いい関係性」をつくっていく役割を期待されていましたので、意識的にやっていきました。

練習をやりすぎる選手たち

コンディションのピークを本番に持っていくのが僕たちの仕事なのですが、なかなか難しいことでした。宮崎での合宿は、各チームでのキャンプが始まって、強度の高い練習で体を追い込む時期にあたるので、選手たちが練習をやりたるのです。

こちらとしては、ケガをしないかを慎重に確認しながら、練習をさせることに不安を感じていたのですが、選手たちは選手たちでその時期にしっかり練習することで、これから始まるＷＢＣへの不安を解消したかったのだと思います。

内野手は、全体練習が終わったあと、毎日サブグラウンドに移動して「今日もノックお願いします」と言ってきました。

正直なところ、「こんなにやるの？」と思いましたが、やりたいという選手にはなんでも協力したかったので、ケガの心配だけは十分にしながらやっていました。

その背景には、侍ジャパンの強化合宿が大変注目されていたことがあると思います。ダルビッシュが初日から参加したのも大きな話題となって、宮崎にはびっくりするほどたくさんのファンの方がいらしていました。

これだけ注目されているんだと実感し、絶対に結果を出さなきゃいけないという思いから、焦るということではないですが、練習したいという気持ちにつながったのだと思います。

急造チームでも一流選手は違う

同じプロ野球選手でも、連係プレーについては、所属チームごとの「決めごと」に違いがあります。

たとえば、内外野の間にフライが上がったら、どちらが優先か、どういう声をかけるか。そのあたりはチーム内で認識を共有しておく必要があるので、清水外野守備・走塁コーチと事前に話し合って、決めました。

内野の守備位置でもそうです。同じようにゲッツー態勢、バックホーム態勢、中間守備と言っていても、チームによって微妙な違いがあったりします。

そのあたりもそれぞれバラバラの認識ではいけないので、「侍ジャパンではこういう決めごとでやる」と話をしたりしました。

また、実際に練習をしながら、内野手で話をして、どうしようかと決めたこともありました。

攻撃面の作戦でもチームによる違いはあります。たとえば、スクイズのスタートのタイミング、送りバントのスタートのタイミング、ヒットエンドランのスタートのタイミング、これらもチームによって違いがあります。チームの伝統みたいな場合も、監督によって変わるという場合もあります。

そのため、お互いの意思の疎通ができないことで、不要なミスが起きるのを防ぐために、ジャパンではこういうタイミングでやりますと決める必要がやはりあります。

他にも守備のサインプレーなどを、室内練習場で確認しました。短期間でそうしたことを擦り合わせるというのは、なかなか大変なことです。

現実に僕は今、スワローズでファームの選手にそういったことを説明して練習することもあるのですが、全員に浸透させるまではそれなりに苦労します。

ところが、ジャパンの選手たちはさすが一流選手揃いです。ありきたりな言葉になってしまいますが、みんな本当に上手です。少し説明して、ちょっとタイミングを合わせる練習をすれば、その場でパパッとできてしまうんです。

それはピッチャーに入ってもらっての投内連係も同じです。あっという間に完成してしまいます。驚くほどスムーズに進むので、すごい対応能力だなと思いました。

ダルビッシュもサインプレー練習に参加

投手も入れたサインプレー練習のとき、合宿初日から参加していたダルビッシュも一緒にやるのかな、どうするのかなと気になりました。日本ではこうした細かいチームプレー練習を積み重ねるのが当たり前ですが、アメリカではそんなにやらないと聞いていたからです。

でも、ピッチングコーチから「ダルビッシュもやると言ってる」と聞いて、なんというか、意気込みを感じました。

もちろん彼自身もファイターズ時代にやっていたことですが、すでにアメリカでの選手生活は長いですから忘れてしまったのでしょう。最初は少し戸惑っていたものの、少しずつ思い出すようにやっていて、やはり飲み込みは早かったです。

「これはどういう狙いのプレーですか？」と質問されることもあり、ダルビッシュも、久しぶりの日本野球、チームプレーのブームを経験して、すごく興味を持っていました。

ここでやったことがアメリカで直接的に役立つかというと、まったくないと思います。チームとしての決めごとなので、存在すらしていないプレーでしょう。ただ、その先にある自分の野球人生を考えたときに、役立つかもしれないと興味を持ってくれたのではないかと感じました。

ダルビッシュが率先して、積極的にチームプレー練習に取り組んでくれたことは、明らかに他のピッチャーにいい影響を与えました。

あれだけアメリカで実績を残しているダルビッシュが、日本の細かい野球を拒否するのではなく興味を示して、若い選手たちと一緒にやってくれた。これは本当に感謝しています。

輪の中心にダルビッシュ

ダルビッシュが初日から来てくれた効果は、練習以外でも大きな効果がありました。きっと経験者として、ジャパンを引っぱるという強い思いがあったのでしょう。

正直な話、ダルビッシュと接点のない選手ばかりですから、最初は構えてしまうところがあったと思います。実際、コーチである僕もそうでした。「ダルビッシュってどういう選手なんだろう」みたいな部分がありました。

でも、何日か一緒に野球をやっていると、ダルビッシュ自身が若い選手たちと一緒にやってくれたので、自然とコミュニティが育ってきました。

若い選手、とくにピッチャーがダルビッシュを中心に集まって、どんどんどんどん話ができるようになっていきました。

ダルビッシュだけでなく、選手たちがどんどん情報交換をして、何かヒントを得て、お互いに良くなっていく。そんな姿勢にどんどん変わっていきました。

プライベートでもダルビッシュは、選手たちを連れて食事に行ったりもしてくれていました。宮崎の合宿が終わる頃には、投手だけでなく野手までも連れて行ってくれていたようでした。

僕らはそうしたプライベートの場には行きませんが、グラウンドレベルでのコミュニケーションはすごくスムーズに取れるようになっていました。

韓国チームその他のメジャーリーガーで、ダルビッシュがよく知っているバッターについて話を聞いて、参考にさせてもらうこともありました。

バッティングの状態が上がらない焦り

2月25日から、宮崎でのホークス戦を皮切りに壮行試合が始まりました。例年であればオープン戦が始まる時期。各チームで主力級の選手たちは、少しずつ調子を上げていけばいいとゆっくり構えているところですが、3月9日から始まる本戦に向けて調子を上げていく必要があります。

僕も打撃投手をやったりしながら、各打者の調子を見ていましたが、なかなか上がっていかないのを感じていました。

そうそうたるメンバーが揃った侍ジャパンなのですから、ホークスとの対戦では圧勝してよさそうなものです。しかし、2試合やっての手応えはあまりいい感触ではありませんでした。

本番まで1週間を切った3月3日、名古屋での中日ドラゴンズ戦は、2－7の大差で負けてしまいました。それぞれが、例年とは違うペースにどう取り組んだらいいかわからない感じで、しかも大きな注目を集める本番が迫ってきていて、重苦しい空気がチームを包んでいました。

名古屋から大阪に移動して、阪神タイガース、オリックス・バファローズと最後の強化試合をしました。

この2試合から、翔平、吉田、ヌートバーも合流。翔平はタイガース戦でいきなり2本の3ランホームランを打ち、時差ボケもなく完璧に調整できているのを見せつけてくれました。

でも、宮崎から取り組んできたメンバーは、相変わらず調子が上がってきませんでした。栗山監督とすれば、壮行試合、強化試合で試したいこともあったと思うのですが、あまり打線が活性化していなかったので、自由に打たせることを優先せざるを得ないところもあったと思います。出塁自体が少なく、作戦を実行する場面も多くはありませんでした。

不安はいろいろとありましたが、ケガをすることなく徐々にコンディションを上げていくという最低限の調整はできていました。

目と目で通じ合う監督とヘッド

壮行試合、強化試合を戦う中で、コーチ陣の動き方や役割分担の確認などもしていきました。ただ、僕にとっては２０１６年のファイターズの戦い方をそのままやればいいとわかったので、とてもやりやすかったです。

交代選手の選手起用という部分は僕が任されて監督に進言しましたが、同じ作戦でも攻撃時の戦術選択で監督に情報を入れるのは白井ヘッドコーチの役割です。

といっても三塁ベースコーチに立っていますので、言葉を交わすことはありません。サインでやりとりできる情報にも限りがあります。

二人はずっと一緒に戦っていますので、あうんの呼吸で理解し合っています。おそらくアイコンタクトで、白井ヘッドがグラウンドレベルで感じ取ったことや、栗山監督が考えていることが伝わるのだと思います。

守備のときには白井ヘッドもベンチに戻ってきますので、試合展開を予測しながら今後の選手起用の準備について打ち合わせをしました。基本的には僕に任されてはいますが、自分の背中を押してもらいたいときなどは、あらかじめ白井ヘッドの考えも参考にしたかったのです。

マリーンズ監督と兼任の吉井コーチ

僕はスワローズの二軍コーチの仕事は少しお休みをいただいて侍ジャパンに参加しました。その間は池山隆寛二軍監督や他のコーチに任せていました。

驚いたのは、千葉ロッテマリーンズ監督との兼任だった吉井コーチです。なんといっても一軍の監督なのですから、キャンプ、オープン戦と進んでいる自分のチームのことが気にならないわけがありません。しかも1年目の新任監督です。

日本にいる間はまだ連絡を密にすることもできたでしょうが、アメリカに行ってしまったら時間も合わないので、リモートでミーティングをするのもなかなか難しかったと思います。

ところがお話を聞いてみると、「ジャパンのコーチは楽だった」と言っていました。

一流の選手ばかりで手がかからなかったという意味なのか、真意はわからないのですが……。

ＷＢＣが終わってＮＰＢが開幕し、吉井監督がマリーンズで初勝利したとき、お祝いの電話をしました。ホッとしていたと思います。

吉井監督1年目のマリーンズは、ディフェンス力が強化され、好調のうちにシーズン序盤を進めています。さすがだと思います。

一流選手ばかりの難しさ

僕の作戦コーチとしての仕事は、控え選手の準備だということは先に書いたとおりです。そこは本当に難しいと痛感しました。

それぞれのチームであれば、代打専門、代走専門、守備固め専門とだいたい役割が決まっていて、それぞれ自分が出ていくタイミングがなんとなくわかっていたりするものです。

しかし、侍ジャパンの選手たちは、みなチームでは主力のレギュラーばかりですから、控え選手としての経験があまりありません。

なので、状況によって出番があると伝えると、スイッチを入れて、ガーッと気分を盛り上げて待っていてくれる。でもやっぱり状況が変わって出番がなくなったり、またそのあとでもう一度出番になったりというのは、慣れていないだけに集中を保つのが難しくなるのです。そのあたりはとても気を使いました。

ただ、そういう意味で言うと、哲人はあまり気を使わなかったですね（笑）。同じチームで言いやすいというのもありますが、そもそもガーッとテンションを上げるというタイプではなく、淡々とした性格なので。

代表チームの難しさということでは、人数が限られていて、いざという場合に備えなければならない点も挙げられます。そのためには、選手によってはあまり慣れていない複数のポジションを守れるように準備する必要がありました。

岡本和真はジャイアンツではずっとサードを守っていますが、ジャパンではレフトやファーストの準備もしてもらいました。

中野拓夢は、2023年からタイガースでセカンドにコンバートされるということですが、前年まではショートを守っていましたので、どちらでも守れるように調整してもらいました。

哲人は代表経験が豊富ですが、セカンドを守ることはほとんどなく、代表ではファーストを守ることが多かった。今回はセカンドがメインですが、やはり通常スワローズでは守らないファーストの準備もしました。

第3章　1次ラウンド・準々決勝

——点差に表れない怖さ——

◇1次ラウンド　中国戦　○8-1

中国は数年間リーグ戦が中止されていた

強化試合も終わり、すぐに東京ドームでのWBC1次ラウンドが始まりました。本戦開始にあたり、監督からとりたてて細かい指示が出たということはありません。合宿の初日と同じように、みんなの力を結集して頑張ろうという趣旨の檄《げき》がありました。いよいよ始まるという緊張感がみなぎりました。

初戦の相手は中国でした。中国にはプロリーグ的なものが存在しているのですが、ここ数年はコロナ禍でリーグ戦が開催されておらず、選手の情報がまったくありませんでした。

ご存じのように人口の多い国ですから、中国でも野球に関心を持つ人や、競技人口を増やしたいと思っている人は少なからず存在し、中国国内の全体的な競技レベルは向上し続けているようです。

情報ノートに1文字も書けず

とはいえ、リーグ戦がないので情報収集は困難ですし、他の強豪国を分析する時間を削ってまで費用や労力をかけて情報収集をしなければならないレベルだとは、正直言って考えられません。

ということで、初戦の相手の情報はまったくありませんでした。

僕は対戦相手のメンバーの特徴を書き込むノートを勢いこんで作りましたが、中国のページはメンバー表があるだけで、1文字も加えることができませんでした。

つまり、シンプルに目の前の相手と戦って勝つことに集中するしかなかったのです。

客観的に考えて、現時点で日本が中国に負ける可能性は低いです。競技人口であるとか、歴史であるとか、技術であるとか、何をどう考えても日本が負けるというシナリオは考えられません。

僕も今までＷＢＣやオリンピックの日本代表を外から見ていて、当たり前のようにそう思っていました。

ところが実際に日の丸のユニフォームを着て初めて知ったのですが、ベンチに入るとまったくそういう心境になれません。もう不安しかないのです。

何かの間違いがあったら、一体全体僕たちはどうなっちゃうんだろう……そんな漠然とした不安が芽生えてしまいます。

イメージと違う序盤

この試合は翔平が先発で投げました。

中国のバッターが翔平の球を簡単に打ち返すとは思いません。メジャーでもトップクラス、つまり世界の頂点にいるといってもいい投手。そのボールは、日本の一流選手だってそう簡単には打てないのですから。

数年間リーグ戦も行われていないという中国のバッターが、翔平のボールを易々と打てるはずがない。翔平の球を打つイメージなんて湧いてこない。これは見下しているわけではなく、客観的に考えてそれは間違いではないはずです。

ところが、実際に試合が始まると、力強いスイングで立ち向かってくるし、振っているうちにバットに当たってきます。

日本は初回に先取点を奪いましたが、外野の好返球で二人目のランナーは本塁タッチアウトになりました。その後も四球で満塁のチャンスをもらっても、タイムリーが出なくて追加点が取れません。

まさかの接戦に焦る

試合をしている感覚が、想定していたものと全然違ってきました。

野球は「流れ」のスポーツです。3回までは日本にとって悪い流れで進んでいます。そうなると、「これ、ひとつ間違えたら負けもあるな」みたいな不安が、どんどん膨らんでいきます。

4回にようやく追加点が入り3－0となりましたが、やはりそれに続く満塁の好機で試合を決定づけることはできませんでした。展開的には押しているのに、相変わらず思うように点差が開きません。

野球で番狂わせが起きるのは、こんなときだ。そのうち、運が相手に向いて、あれよあれよと失点が重なってしまうのではないか――そんなよくある展開を予測してしまいます。

6回に戸郷翔征がホームランを打たれて3－1になりました。試合も中盤だというのに、まさかの接戦に不安と焦りがいっそう増幅されていきます。

7回に牧秀悟のホームランで4－1となり、8回にようやく4点を奪って8－1となるまで、まったく安心できない試合となりました。

これが国を背負った国際試合なんだと知りました。

豹変したヌートバー

終盤まで接戦になり大いに焦った中国戦ですが、この試合で印象に残っているのはヌートバーの豹変《ひょうへん》ぶりです。

大阪での阪神タイガース戦からヌートバーが合流するということで、どのようにチームに迎え入れればいいのかをコーチ陣で考えました。

最初に呼び名をどうしようかということになり、清水コーチが「タツジ」という日本名があることから「たっちゃん」にしようと言いました。それではということで、チームで「たっちゃんTシャツ」を作って迎えることになりました。これでヌートバーも少しホッとしたというか、落ち着いたところはあったと思います。

ただ、このとき僕の目にはなんというか、まだ「本気スイッチ」が入ってないのかなと感じられました。すごくリラックスした感じで、あんまりガツガツした感じがない。

優しい目をしていて、おっとりしたタイプの選手なんだなと思いました。「これで大丈夫なのかな」と不安に感じたほどです。

ところが、中国戦が始まった瞬間に豹変しました。もう、見た目からして別人なんです。獲物を狙う野獣のように眼光が鋭くなりました。打っても守っても闘志むき出しで、ハッスルプレーの連続です。逆に「おいおい大丈夫か、ケガしないか」と心配になるくらいでした。

いったいあの変わりようはなんなのだろうか。ハングリー精神なのか、闘争本能なのか、正直な話、ちょっと僕たちには想像がつかないスイッチの入り方で、本当にびっくりしました。

◇1次ラウンド　韓国戦　○13－4

韓国戦のポイントは3回ウラの反撃

1次ラウンドの第2戦は、グループで最も警戒していた韓国との対戦でした。これまでの大会でも常にお互いを意識した戦いをしてきた「宿命のライバル」。野球に限らず、ファンもヒートアップしがちな日韓戦は、負けられない戦いです。

韓国については、中国戦のような「情報がない」という不安はまったくありませんでした。選手の映像もありましたので、特徴を把握した上で、実際に阪神、オリックスとの練習試合やオーストラリアとの初戦も見て、村田バッテリーコーチともバッターへの攻め方なども事前に擦り合わせることができたので、守備位置についての方針は立てやすかったです。

相手投手のクイックモーションのタイムや、どんな持ち球があるかといった情報もあり、作戦面での準備も不安はありませんでした。

ただ、やっぱり強かった。ダルビッシュが3回表に2ランホームランを打たれ、その後エラーが重なって計3点を先制されたのですが、ダルビッシュ先発でそういう展開になるイメージは持っていませんでした。

その裏にすぐ源田が四球で出ました。ビハインドは3点。走者を進めて1点ずつでも返していくという手もありますが、栗山監督は相手側に大きく振れた振り子が戻りやすいのを見逃しませんでした。中村がしっかりと四球でつなぎ、ノーアウト一、二塁と反撃のチャンスを拡大しました。

ここが大きな分岐点でした。基本的にはヒッティングの指示でしたので、もしも中村がゲッツーに倒れたりして、この回がゼロで終わっていたら、試合は中盤まで0－3のままで進んだ可能性が高い。

おそらく、もっとずっと重苦しい試合展開になっていたでしょう。

チャンスが拡大し、ヌートバーと近藤健介の連続タイムリー、さらには吉田正尚の2点タイムリーで4点を奪い、一気にひっくり返しました。

内野の要・源田にアクシデント発生

ただ、この3回ウラの反撃には大きな代償がありました。二塁ランナーだった源田が牽制球で帰塁する際、右手小指を骨折してしまったのです。

治療のためにベンチに戻ってきたとき、小指があり得ない方向に曲がっているのを見ました。正常でないのは明らかです。

それでも源田は「いけます。大丈夫です」と言います。一方、僕は止めなければいけない立場でした。

その時点ではまだビハインドでしたが、「大丈夫。絶対に逆転してくれる。中野が行くから安心して」と説得しました。

源田は興奮状態で、僕の言葉も頭に入っていなかったみたいでした。おそらくアドレナリンが出ていて痛みも感じていなかったのでしょう。

その後のことは追って書きますが、彼の負傷をめぐる一連の騒動も、侍ジャパン躍進のポイントになっていくのでした。

その後はどんどん追加点が入り、最終的には13－4と、コールド寸前の大差で勝ちました。しかし、繰り返すようですが、3回の反撃がはまらなかったら、こういう展開にはならず、負けていても不思議ではありませんでした。

もちろん、このラウンドはひとつの負けで敗退とはなりませんが、それでも中国戦の中盤まで重圧の中で思うような攻撃ができていなかったことを考えると、危険だったと思うのです。

自分たちのペースで試合が運べていないという焦りは、この試合だけでなく、以降の試合に暗い影を落とします。一連の東京ドームでのシリーズが、全然違う結果になってしまった可能性さえあったと思います。

この大会で侍ジャパンらしい戦いをしていく上で、この韓国戦の3回ウラは、ターニングポイントになったイニングでした。自分たちの力を信じるきっかけになったからです。

◇1次ラウンド　チェコ戦　○10－2

謎だらけのチェコ代表

中国と同じように、チェコに負けることはないだろうと、普通の人は思っていたでしょうが、やっぱり僕は、ベンチにいてまったくそうは思っていませんでした。

初回、骨折の源田に代わってショートに入った中野拓夢が、一塁へ悪送球をしてしまい、先制点を献上しました。何も慌てるようなことのないイージーなプレーでしたが、緊張のせいで体が動かなかったのでしょう。

主力の代わりに出て、もし自分のせいで負けたりしたら……と、そこまで具体的に考えなくとも、重圧が肩にのしかかって、思うように動けなくなるのは当たり前のことだと思いました。

すぐに反撃できるかと思いきや、1回、2回と変則のピッチャーに抑えられてしまいます。頭の中では、確かにこのピッチャーは打ちにくいが、ルール上球数制限があるので完投されることはないとわかってはいます。でも、なんの情報もないので、次のピッチャーをまた打てないかもしれません。あまりにも打てないものだから、ついつい不安が膨らみ、思考がネガティブになってしまいます。

そもそも、この試合の先発は佐々木朗希です。やっぱり普通に考えて簡単に打てるわけがないんです。完全試合を達成するようなピッチャーなんですから。でも、当てるし、打つんです。ホームランが出やすい東京ドームですから、少し角度がつけばスタンドに入ってしまいます。本当に怖かったです。

ただ、この試合もまた回を重ねるにしたがって、点差が大きくついていきましたので、さすがに僕も学習しました。情報がないと僕は不安になりますが、選手たちは、だんだん対応して、最終的には相手を圧倒する力を持っているのです。

そしてもうひとつ、プレーの端々に日本代表へのリスペクトを表してくれたチェコの選手たちに、野球を愛する選手たちが国境を超えて交流できる素晴らしさを教えてもらいました。

◇1次ラウンド　オーストラリア戦　○7-1

初回いきなり看板直撃3ラン

チェコ戦の初回はガチガチだった中野が、オーストラリア戦でも2試合続けてショートのスタメンで出場しました。

もうこの独特の緊張感にも慣れて、すっかり力が発揮できる状態になっていました。ショートを本職レベルで守れるのは源田と中野だけでしたので、控え選手の重要性をあらためて感じる2試合となりました。

中野だけでなく、このオーストラリア戦は、多くの選手が落ち着いて試合に臨めていました。僕も情報の多いチームが相手で、余計な不安は感じませんでした。

この試合のハイライトは初回に飛び出した翔平のホームランでした。

相手先発投手の立ち上がりを攻め、走者を二人置いて右中間に特大の3ランホームラン。なんと、スタンド上段奥の看板を直撃、しかもその看板には翔平の顔写真という出来過ぎた話です。

ようやく落ち着いて戦えた

この一打でバッティングのほうもリラックスモードに入ることができました。序盤からしっかり加点して、点差自体はそれほど大きく開きませんでしたが、気持ち的な意味で1次ラウンド4試合の中では最も楽に試合を進めることができました。

それはすでにグループリーグ勝ち抜けが決定していて、勝てば1位通過も決まるという状況も影響していたかもしれません。

この結果、1次ラウンドは4戦全勝でグループ首位で決勝トーナメントに進むことになりました。

準々決勝の対戦相手はイタリア。もうここから先は、どのチームが勝ち上がってもバリバリのメジャーリーガーがチームを占めています。

それは情報がたっぷりあるということを意味しますので、映像のチェックと、資料の再確認をじっくりと行いました。

そしてもうひとつ、ここでやらねばならないことがありました。

源田の投げるボールに異常なし

それは、4日後の準々決勝イタリア戦に向け、源田をチームに残すのか、外すのかの決断でした。

源田の訴えは変わることなく、「できる」でした。骨折した翌日でさえ、テープをくるっと巻いて、「ああ、これけっこうできそうです」なんて言っているのです。さすがに僕は「本当かな」と考えてしまいました。

ここから先は、監督と源田、そして所属チームの間で話し合うことでしたが、内野手を預かっている僕としては、まず本当にプレーできるのかを冷静に確認する必要がありました。

そこで、キャッチボールをしたり、僕が一塁に入って、ショートから投げた球を捕ったりしました。すごいいいボールを投げてきました。それはもう「えっ？」と思うくらい、全然投げられているんです。

痛くないわけがない。でもできてしまう。

「ショートから回転のいい強いボールを投げていますので、守備は問題ありません」

僕は事実と自分の判断をありのまま監督に伝えました。

源田の熱い思いが栗山監督を動かす

源田がメンバーに残るために、他にどんなチェックがあったのかはわかりません。監督と源田で話をしたようでしたが、そこでどんな会話がなされたのかも、詳しいことはわかりません。

ただ、その話し合いを受けて、栗山監督は源田を残すことを決断し、さらにイタリア戦のショートのスタメンに源田を指名しました。

あの骨折直後の源田を見れば、どれだけ強い思いでこの大会に臨んでいるかはわかります。その熱い思いを栗山監督に全部ぶつけたに違いありません。

栗山監督のことですから、源田の思いを聞き、もちろん所属するライオンズとも話をして、どうするのが源田にとっていいのか、誰がショートを守れば世界一になれるかを考えて判断したのだと思います。

前回、侍ジャパンに選ばれたとき、源田は控え選手でした。それが当時のチームの判断でしたが、源田としては出たいという気持ちを強く持った。

今回はショートの一番手として選出されたので、絶対にレギュラーで出て世界一になるという非常に強い目標があった。本当に気持ちが強いと思います。

見た感じはひょうひょうとプレーしているというイメージだったのですが、一緒にやってみて初めてこういう熱い選手だったんだとわかりました。

やっぱりレギュラーをずっと張っている選手は違うんだなと思いました。

やっぱり練習をやりすぎる選手たち

さて、準々決勝イタリア戦までの間、少しの調整期間がありました。その前のオーストラリア戦では、点も取れるようになっていて、少し選手たちもリラックスできるようになっていました。それと同時に、今度は負ければ終わりの一発勝負になっていくという、また違った緊張感が増えてきました。

とにかく宮崎の合宿から一貫して言えるのは、みんなものすごい量の練習をします。守備にしても、バッティングにしても、やっぱり不安感を振り払いたいという思いなんだなと感じます。代表に選ばれるレベルの選手になっても、やっぱり練習で不安を解消するんだなと思いました。

といっても、大会中の公開練習ですので、決められた時間内に集中して練習をしていました。

◇準々決勝　イタリア戦　○9-3

大谷の集中力でアメリカ行きを掴む

さて、そういうわけで、負けたら終わりの決勝トーナメントの初戦、準々決勝イタリア戦が始まりました。

源田が8番ショートに戻ったイタリア戦、先発のマウンドには翔平が上がりました。オーダーを少し替えて、3番に翔平、4番に吉田、5番に村上のクリーンナップに組み替えました。

翔平は初回から大きな声を上げながら気迫の投球でイタリア打線をねじ伏せていきます。

0－0で迎えた3回ウラ、1アウト一塁で翔平が意表を突くセーフティーバントを決めます。

僕が思うに、翔平には2ランホームランを打ってもらうのが一番いい。ひと振りで試合の流れを変える力を持っているのですから。

でもフィールドにいる翔平、マウンドにいる翔平は違うものを感じ取っていたのでしょう。試合の流れ、チームのムード、相手チームの雰囲気。

そしてとっさの判断で、ああいう作戦を自分の判断でやる。それは、大谷翔平が子どもの頃から野球をやってきて培ったものなのだと思います。

翔平のような実力があれば、いつもチームの中で実力が突出していて、他のメンバーを実力で引っぱっていく存在だったはずです。でも、野球はワンマンでは勝つことができません。苦い経験もいっぱいして、学んできたのでしょう。

そういうことも全部ひっくるめて、やっぱり翔平は野球センスが高いと思ったセーフティーバントでした。

慌てて打球処理した投手が一塁に悪送球して、1アウト一、三塁にチャンスが拡大し、吉田のショートゴロの間に1点先制、さらに村上が四球でつなぐと、6番岡本がレフトへ3ランホームランを放り込み、リードを4点に広げました。

大谷は5回に2失点して降板。その後は村上、岡本の連続タイムリーで3点を追加し、リードを広げると安定した継投で逃げ切り、アメリカ行きの切符を掴みました。翔平の高い集中力が流れを引き寄せた試合といえるでしょう。

不安を募らせる周東

これで準決勝進出が決まり、日本を離れることになりました。

ただ、僕には少し心配していることがありました。それは、侍ジャパンの「足のスペシャリスト」周東佑京のことです。

これまでホークスでも厳しい場面で盗塁や「神走塁」を決めてきました。性格的にも非常にアグレッシブで、試合中も代走に行きたくて行きたくてうずうずしているタイプです。

厳しい戦いの中で、周東の足を活かす勝負どころが必ず来るとは思っているのですが、日本での5試合を終えて、なかなかそういう見せ場がありませんでした。

代走はしびれる仕事です。たとえば、1点ビハインドの最終回、2アウトから出塁した打者に代わって一塁に行きます。

ここで盗塁のサインが出るのです。セーフになればチャンスは拡大し、ピッチャーは大変な重圧を受けます。逆に、アウトになれば試合終了です。

もちろん周東の足への信頼は揺るがないものがあります。ただ、この国際試合という舞台はまた別ものなので、一度でも「ここ一番」という場があったらよかったのですが……。

周東自身も活躍の場がないモヤモヤと、雰囲気に慣れる機会がないことに不安があったと思います。でも、その不安はアメリカでスカッと解消されることになります。

第4章　そして頂点へ

チャーター機でマイアミへ

イタリア戦が終わり、チームは東京ドームからそのまま羽田空港へと向かい、午前2時くらいのチャーター機に乗り込み、一路アメリカ合衆国フロリダ州マイアミへと向かいました。

行きは13時間ほど飛行機に乗っていたでしょうか。到着すると現地時間の午前3時か4時くらいでした。ホテルにチェックインして、なんだかみんなお腹が空いていたようで、ぞろぞろとコンビニまで歩いていって、食べ物や飲み物を買いました（笑）。

その日の昼くらいから、近隣の大学のグラウンドを練習場所として確保していただいていたので、時差ボケ対策として体を動かしたいという選手もいましたし、その日はゆっくりしたいという選手もいました。

僕はとくに時差ボケがひどいタイプで、ファイターズのアリゾナキャンプのときに続き、今回もひどい時差ボケに悩まされました。選手たちはよくこれで動けるなと感心しました。

その翌日は90分のチーム全体練習がありました。バッティングを中心に効率良く練習を行いました。

さらにその翌日は、実際に試合が行われるローンデポ・パークで試合前日のスタジアム公開練習が行われました。

NPBの試合前練習もだいたい90分くらいなので、ひととおりのことはできました。ローンデポ・パークは、開閉式の屋根を持つ人工芝の球場で、走路の部分は広めに土が施されています。

選手たちに練習した感想を聞くと、皆が守りやすいと言います。土の部分は日本の土とはまったく違い、粘土質で固く、スパイクの歯は入るけれど掘れないとのことでした。

突然の組み合わせ変更

当初、勝ち上がった場合は、準決勝はアメリカとの対戦になると聞いていました。それがいつの間にか、準決勝はメキシコと、決勝はアメリカ対キューバの勝者に変わっていました。

このあたりについての不透明さを栗山監督が大会終了後の記者会見で指摘していました。確かに競技会である以上、ルールは誰の目にも明らかでなくてはいけません。

栗山監督は、ＷＢＣに参加する国が少しずつでも増えていて、配信による視聴者も増えている状況で、よりよい大会にすることが大切だという考えだと思います。

少々無理をしてでも、公平・公正な運営を目指すべきだというのが栗山監督の考え。

僕もそのとおりだと思いますが、その一方で「これはこれでよかった」とも思っていました。

栗山監督が終始一貫、ベースボール発祥の地、アメリカに勝って世界一という目標を掲げていましたから、なんとしてでも決勝に進み、アメリカに勝って世界一を成し遂げたい——形としてはこれもアリだと思いました。

メキシコ打線対策としてオーバーシフトも用意

準決勝の相手、メキシコにはメジャーリーガーのスター選手がごろごろいました。イタリア戦まで使うことがなかったオーバーシフトですが、メキシコの選手では、4番打者のテレスには有効だというデータがありました。

オーバーシフトとは、左打者であれば一、二塁のベース間に3人の内野手が守る「極端なシフト」のこと。MLBでは2023年から禁止されましたが、今回のWBCでは禁止されていないので、有効な打者がいれば思い切ったシフトを採用するのもひとつの手です。もちろんそのためには当然、相手チームの打者をしっかりと研究する必要があります。

ただ、オーバーシフトを嫌う監督もいます。シフトで手薄になっているところに打てば、当たりが悪くてもヒットになる可能性が高い。投手にしてみれば、ヒット性の打球がヒットになる分には諦めもつきますが、打ち取った打球がヒットになるのはやるせないと感じる人もいて、それだったら極端なシフトはやめておこうという考え方もあるのです。

テレスはホームランを30本以上打てる左の強打者。オーバーシフトを敷くことで、ヒットコースを狭めることができるというデータがありました。

前日のスタジアム練習では実際にオーバーシフトの陣形で構えてみて、打球方向によってそれぞれどのように動くかの確認をやっておくことができました。

異空間で異次元の緊張感

準決勝メキシコ戦の試合当日、球場に入ると僕はこれまでに感じたことのない緊張感に襲われました。おそらく、どの選手も同じだったと思います。

雰囲気がすごい。

もう語彙《ごい》力がなくなって「すごい」しか言えませんでした。

何がどうすごいのかと聞かれると、説明が難しいのですが、今までペナントレースの優勝決定戦や日本シリーズの優勝がかかった試合など、本当にいろんな舞台を経験しましたが、日本では絶対に経験できないような雰囲気でした。

これがベースボールの生まれた本場の、ベースボールの雰囲気なのか――。あまりにすごすぎて、なんだかちょっと正常な精神状態ではいられませんでした。

僕はコーチですが、これでは選手たちも気持ちが試合に入っていけないんじゃないかなというくらいの雰囲気。

単純にベンチで隣にいる人との会話が聞き取れないくらい、騒然としていました。日本なら甲子園球場もなかなか騒々しくなることがありますが、それとはまったく異質でした。

ダルビッシュも驚くワールドシリーズ級

アメリカのベンチの構造は、日本のように囲われているのではなく、むき出しになっています。それも近くで会話していてもなかなか通じない理由です。

ダルビッシュに、メジャーリーグというのはこういう環境でプレーしているのかと聞いてみたところ、普段のレギュラーシーズンの雰囲気ならここまでにはならない、ワールドシリーズクラスの雰囲気だということでした。

やはり国対国の勝負というのが熱を生み出し、しかも負けたら終わりという緊迫感が狂乱に似た雰囲気をつくっているようでした。

日本の応援団もたくさん来ていただいていましたが、やはり地の利はメキシコにあります。経験したことのない空間というのも含め、完全なアウェー感を覚えていました。

そんな雰囲気の中、長く厳しい「世紀の一戦」が始まったのでした。

覚悟の上で4番打者にオーバーシフト

負けたら終わりのメキシコ戦。日本の先発マウンドには若き完全男、佐々木朗希が立ちました。試合序盤は投手戦になりました。

2回表、メキシコの4番テレスは二塁ベース右へセンター前ヒットの打球を打ちましたが、オーバーシフトが見事にはまり、ショート源田へのゴロとなりました。

見ていて思ったのは、どの野手もはじめてボールを処理するまで、体がガチガチに緊張しているということ。国際大会の経験が豊富な山田哲人でも、はじめはおかしな投げ方になってしまっていました。この異常な雰囲気にのまれていたのだと思います。

4回表、ツーアウトでランナーなし。4番テレスの第2打席、再びオーバーシフトを敷きました。オーバーシフトというのは、ある意味では強打者が強い打球を打っても長打にならないための守り方です。当然、ピッチャーがホームランボールを投げてしまったら、どんなシフトを敷いていてもフェンスを越えてしまいます。

タイミングを外すこと、バットの芯を外すことを念頭に、最悪、逆方向に打たれてもシングルヒットにしかならないというところにもメリットがあるのです。

相手に不本意なバッティングをさせたことになるからです。

シフト裏目からの3失点

テレスは第2打席、追い込まれたあとの外角速球を、いつもの強引なスイングではなく、合わせたような打ち方で左方向へ打ちました。ゆるいゴロでしたから、シフトがなければサードゴロですが、これがレフト前ヒットになってしまいました。

まあ、それでも2アウトで強打者ですから、長打だけは警戒しなくてはいけない場面で、振り切らせずにシングルヒットで済んだと考えればいいことです。

ところが、次の打者にサード後方にポテンと落ちるアンラッキーなヒットでつながれてしまい、ピンチが広がりました。

そして、続く6番打者ウリアスがレフトスタンドへ3ランホームランを叩き込み、メキシコが3点を先制することになってしまいました。

そういうこともあるとわかってやっているオーバーシフトでしたが、凡打の当たりがヒットになったことから一気に流れが変わってしまいました。

僕はそのことにショックを受けてしまいました。

追い込まれた心理をバッテリーが救う

３点を先制されたすぐ裏の攻撃で、韓国戦と同じように反撃が決まればよかったのですが、４回ウラはツーアウト一、二塁で村上が三振。

５回ウラは、ここまで手も足も出なかったメキシコの先発サンドバルを攻めて１アウト一、二塁、さらに二番手投手ウルキーディに対して２アウト満塁と攻め立てましたが、結局無得点に終わりました。

この回、キャッチャーの中村に代打を使ったため、６回からは二人目のキャッチャー甲斐がマスクをかぶりました。

僕はプレーヤーではないのですが、自分の判断で３点ビハインドになってしまったという事実と、試合前から異様な雰囲気の中で、冷静な精神状態で判断ができるだろうかと思っていたことが相まって、イニングが進むごとに、雰囲気にのまれ追い込まれていってしまいました。選手たちも多かれ少なかれ、同じような心理状態になっていたのではないかと思います。

ただ、相手ピッチャーが代わってくれたことで、少し明るい兆しが見えてきた部分もありました。

一方、日本は二番手山本由伸が5回、6回、7回をしっかり抑えて、少しずつ流れを引き込みました。

とくに7回表は、盗塁成功の判定がチャレンジ成功で覆って盗塁死。好守備から勢いがつきました。

熱狂の同点3ランを生んだ吉田正尚の技術

3点ビハインドのまま、7回ウラ。それまで打撃の調子があまり良くなかった甲斐からの攻撃だったので、栗山監督に代打の準備を伝えました。しかし、栗山監督は「いや、甲斐でいく」という返事でした。

僕は、これがとても意外でした。ビハインドのとき、栗山監督はアグレッシブに攻めるスタイルで、3人目、つまり最後のキャッチャーを出すことにまったく躊躇《ちゅうちょ》しない監督だったからです。

　先頭の甲斐はあえなく三振に終わり、大事な7回ウラは1アウトになりました。しかし、最終的にここで甲斐を代えなかったことが、後の日本にとってプラスに働くのでした。

　続く1番ヌートバーも倒れて2アウト。しかし、ここで近藤がヒットで出塁し、翔平につなぎます。メキシコは翔平、吉田と左打者が続くところで、ピッチャーを三番手、左腕ロメロにスイッチしました。

　メキシコにとってはこれが裏目に出ました。翔平は四球で2アウト一、二塁となり、打席に吉田。カウント2ボール2ストライクと追い込まれ、低めボールになるチェンジアップにタイミングを外されたかに見えましたが、しっかりと下半身を粘らせ、ヘッドの返りを遅らせて、なぎ払うようにミートし、最後は片手一本ですくい上げると、打球はライトポール際へと高く上がりました。

　僕たちがいた三塁側ベンチからは、打球がはっきりと見えました。最初、切れるかと思った打球はまったく切れずにポールの左に残り、スタンドに入りました。

選手たちはベンチを飛び出して喜びを爆発させていました。僕も栗山監督も、ものすごく喜びました。

まるでサヨナラ勝ちしたかのようでしたが、まだ試合は終わってないよと、同点だよと思っていました（笑）。

顔面蒼白で祈るようにして、ずっと戦況を見詰めていた佐々木朗希が帽子を叩きつけて喜びを表現していました。あのクールな朗希も、こんなに感情をあらわにすることがあるんだと驚きました。

僕としても、あのオーバーシフトから失った3点で終盤まで追い込まれてしまっていましたが、ここで振り出しに戻してもらって、もう一度勝負ができるとベンチでほっとしていました。

村上への代打をスタンバイ

何度も言っているように、僕の仕事は、「もしもこうなったら……」という仮定の条件をもとに準備をすることです。実はこの場面、「もしも吉田の同点3ランホームランではなく、ヒットや四球でチャンスがつながったら……」というシナリオが並行して走っていました。

それは、次の打者である村上に代打を出すというシナリオでした。この時点で、村上の打撃の状態はあまりよくありませんでした。そのまま打席に立たせる場合もあるため、代打候補をネクストバッターズサークルで準備させることはしませんでした。そうしてしまうと、村上の集中力は切れてしまい、継続して出るのは難しくなります。

野球選手にとって緊張感、集中力というのはそれほど大事なのです。

「そうならなかったほうの世界」というものは存在しません。でも、吉田の打席の結果が少し違っていたら、この試合の行き先は日本の勝利にはなっていなかったのかもしれません。

現実は同点3ランホームランによって試合は振り出しに戻りました。村上はそのまま打席に向かい、サードファウルフライに倒れました。

そのことで、栗山監督は後にまた別の決断を迫られることになります。

すぐにまた2点ビハインド

回は8回に入りました。同点ホームランで試合が大きく動きましたので、この後はメキシコも代打や代走を鋭く切ってくる可能性があります。

僕は頭を切り替えて監督と話をしながら、戦局を見ていました。実際、ここからの動きはどんどん激しくなっていきました。

8回表、ここまで好投を続けていた由伸が1アウトから連続二塁打で1点を失い、さらにヒットを重ねられて1アウト一、三塁としてしまいます。ここで三番手、湯浅京己《あつき》にスイッチしました。もう1点もあげられない、できれば三振ふたつでこの回を終わりにしてほしい、本当に厳しい場面での登板でした。

湯浅は盗塁で二、三塁とされたあと、4番テレスを空振り三振。しかし、5番パレデスの当たりは決して鋭いものではありませんでしたが、三遊間の真ん中を破っていきました。三塁ランナーがかえってもう1点追加。でも、二人目の走者はレフト吉田がワンバウンドの好返球で本塁タッチアウトにしました。

後になって考えると、いろいろなプレーが最後の勝利に密接につながっていきますが、この回3点目を許さなかったこの本塁タッチアウトは効きました。

とはいえ、この回痛恨の2点を奪われ、3－5と再びビハインドの展開になってしまいました。

結果としてタイムリーヒットにはなりましたが、湯浅もよく腕を振ってストライクを投げました。今後の投手人生を変えるような貴重な体験になったと思います。

7回に代打を出さなかったことが生きる

終盤、メキシコは小刻みな継投策で逃げ切りを試みますが、結果的に成功しませんでした。

8回表の攻撃、先頭は6番岡本です。ベンチで控えていた中野には、岡本が出たら代走の準備をしてもらいました。結果は岡本が死球で出塁し、予定どおり代走で中野が出ました。

同じくベンチで控えていた山川穂高に、9番甲斐のところで代打の準備をしてもらいました。

続く7番哲人もレフト前ヒットで続き、ノーアウト一、二塁。8番の源田が送りバントを決めて1アウト二、三塁と一打同点のチャンスになりました。予定どおり、甲斐に代打・山川を送り、レフトへの犠牲フライで4－5と1点差に迫ることができました。

甲斐の前の打席で代打を出していたら、最後のキャッチャーを使ってしまうことになるため、ここで代打を出すことはできませんでした。栗山監督の判断が正しかったのです。凡人の僕であれば、あそこで迷わず代打を出していたでしょう。

その後も、2アウト一、二塁と同点、逆転のチャンスをつくりましたが、近藤は三振で追い上げは1点差止まり。

9回表は4番手投手として大勢が投げました。下位打線を相手に無失点で抑え、1点ビハインドのまま、9回ウラへと入りました。

再び村上への代打を準備する

メキシコはＭＬＢのカージナルスでクローザーを務めたガイエゴスを投入します。対する侍ジャパンの先頭打者は３番翔平からの好打順です。

この時点で、僕は想定できることを何通りか考えていました。翔平の結果がどうであれ、吉田が出塁したら、同点または逆転の走者になるので代走が必要になること。それから、翔平と吉田がともに出塁して、ノーアウト一、二塁になった場合、ムネに代打を出して送りバントをさせる準備が必要だということです。

栗山監督には「一、二塁になったときのためにムネのところにバントの選手を準備しておきますね」と伝えました。

周東には早々に吉田への代走でいくことを伝えておきました。

ローンデポ・パークはベンチからバッターボックスまでの距離がとても短いため、打席の翔平の様子がよく見えました。翔平がバットを短く持っているのがはっきりとわかりました。

点差はわずか1点。メジャーでホームランを量産する翔平には、ひと振りで同点ソロホームランを打ってもらいたい気持ちもあります。でも、やはりこれが翔平の野球観なのでしょう。

初球、外角高めのシュートを引っぱると、打球は深く守っていた右中間の真ん中へ。翔平は一塁を回り、二塁に滑り込むことなく到達しました。

その時点で僕は、牧原大成のところに行って、「吉田がフォアボールで一、二塁になったら、バントあるから準備しておいて」と言いました。

その頃、翔平が二塁ベース上でジャパンのベンチに向かって両手を振り上げ「カモン、カモン」と叫んでいたそうですね。のちに映像で見てびっくりしました。翔平がこんなに感情を表に出して、魂を揺さぶるような叫び声を上げるだなんて信じられませんでした。

でもそのとき、僕と牧原だけはそのベンチの盛り上がりから隔絶された空間にいたようなものでした。

そのときの牧原の驚きと、困惑の顔は忘れられません。不安そうな目で僕を見ていました。言葉にこそ出しませんが、「ウソでしょう、この状況で代打バントですか？　勘弁してください」と言っている顔でした。

気持ちはよくわかります。突然試合に出てバント、しかも三塁はフォースプレーですから、難しいバントを求められます。

もちろん、牧原だってサードに捕らせる強めのバントを転がす技術を持っています。普段であれば問題はないでしょう。

「ピンチバンター」牧原の憂鬱

でも、この試合です。日の丸を背負って、1点ビハインド、成功すれば勝利を引き寄せ、失敗すれば無得点で終わってしまう可能性が高まる、そんな責任重大なバント。体が萎縮して、うまくバットをコントロールできなくても不思議ではありません。

あまりにも不安そうだったので、なんとか払拭《ふっしょく》してあげたいと思いました。なので、「大丈夫。ランナー翔平だし、外国人はフィールディングのうまい投手は少ないから、転がしさえすればセーフになるから」と、なんの根拠もない言葉をかけました。

安心材料を与えたかったのですが、牧原はどう見ても上の空だったので、たぶんこの言葉が頭には入っていかなかったと思います。

代打でバントということ自体、めちゃくちゃきついことです。決めて当たり前と思われていて、失敗すればタダでアウトを献上するだけ。本当にきついです。

でも、僕の仕事としては、その状況に備えて、できる人を準備しなくてはいけないのです。

ともかく牧原には伝えて、監督の隣に戻ると「マキ大丈夫だよね？」と聞かれたので「はい」と答えました。

「ムネに任せるわ」

吉田のボールカウントがボール先行していったとき、栗山監督が僕に「ムネに任せるわ」と言いました。栗山監督が決断をした瞬間でした。

それを受けて僕も監督に「今、牧原にバントさせても成功する確率低いですよ」と言いました。監督の決断に対して、思いっきり背中を押したかったのでした。

実際、精神的に普段どおりのバントはできそうにありませんでしたから。

すぐに、牧原のところへ行って、「マキ、なくなったから」と伝えると、すっごくホッとしたような、嬉しそうな顔をして、「そうです。ムネに任せたほうがいいですよ」と言いました（笑）。

プロ野球選手がなかなか言わない言葉です。基本的に試合に出てナンボですから、自分ではなく別の選手に任せたほうがいいなんて言うことはまずありません。

でも、偽らざる心境だと思います。

あの状況で、「僕にバント任せてください」なんて言える選手なんて、本当にいないと思いますから。

バントの名手と言われる源田でさえ、スタメンで出ているのに、ファウル、ファウル。スリーバントでやっと決めたりしたんですから、試合に出てない、打席にも立っていないという選手にそれを任せるのは酷です。

バントあるよと伝えたときの牧原の当惑した顔、そして、なくなったよと伝えたときの牧原の嬉しそうな顔、どちらも忘れることができません。

後で聞いた話ですが、牧原は人生でこんなに緊張したことはないと言っていました。試合に出てもいないのに、これで行くよってなったらどうなってしまうのだろうと。無理もないと思います。

監督の言葉を伝えるという仕事

牧原を安堵《あんど》させて、また栗山監督の隣に戻ると、今度は「ムネに任せたって監督が言ってるって伝えてきて」と言われました。

言葉にはしませんでしたが「オレが？」と思いました。バッティングコーチもいたので……。

ネクストで待っているバッターは、集中を高めています。そこにコーチが近づくと、絶対に「なんだろう」と警戒する気持ちになります。

ましてや村上は調子が上がらず、現実に今の今まで「ピンチバンター」の準備までしていたわけですから、代えられると思ってしまうのではないか、かえってマイナス効果になってしまわないかと心配になりました。

でも、吉田のカウントはもう3ボールくらいになっていたので、すぐに出ていけるように準備しながら、どう伝えようかなと考えていました。

フォアボールになったので、村上の近くに行くと目が合いました。思ったとおり、とても不安そうな表情をしました。

腹を決めて、「監督、ムネに任せたって言ってるから、思い切って行ってこい」と言いました。

「ムネに任せた」というあたりで、村上はバッターボックスのほうに向き、意識を集中させているようでした。僕には「よし」と気合を入れたように感じられました。「思い切って行ってこい」と背中を叩いて送り出しました。

村上の集中力がMAXに

後日、本人から聞いた話ですが、やはり村上自身、代打が送られると思っていたそうです。

代走の周東がベンチから出てきたとき、自分への代打だと思ったと。それがそうではなく、代走だったのを見ても、じゃあ自分の代打はどうなるんだろうといった、少し混乱して不安な気持ちだったと、そう言うのです。それで、僕が監督の言葉を伝えたときに、吹っ切れてスイッチが入ったと。

僕は打席に向かうムネに「任せた」と伝えることなど考えもしませんでしたが、栗山監督は、村上がどんな心境でネクストにいるかがわかっていて、どうすれば集中力を高められるかを考えた結果、僕に伝えさせたのだと思います。そこまで選手の気持ちが手に取るようにわかっているのだなと。

それを伝えに行ったのが、なぜ僕だったのかというのも今だから考えます。バッティングコーチの吉村さんが伝えるのもありだと思いますし、監督自身で伝えるのもありだと思います。でも、なぜ僕だったのか、栗山監督のことですから、必ずそこにも理由があるのだろうと思います。

ひとつには同じスワローズの所属だから、コミュニケーションが取りやすいというのは考えられます。

それともうひとつは、はじめに栗山監督が僕の役割として期待していただいた、頼ってもらったり、話を聞いてあげたりといった、選手に寄り添う部分で適任と考えたのかもしれません。

周東のスピードが生きたサヨナラ劇

今大会が始まって、最も集中して打席に向かった村上。ノーアウト一、二塁。バントではなく、村上宗隆に任せた打席。

カウント1ボール1ストライクからの3球目が甘く入ったところを逃さず弾き返すと、打球は左中間へぐんぐん伸びて、フェンスにダイレクトにぶつかります。二塁走者翔平

2023WBC準決勝メキシコ戦でサヨナラ打を放ち、ナインに迎えられる村上宗隆（写真：AP／アフロ）

に続いて、一塁走者周東も快足を飛ばしてあっという間に本塁に滑り込みました。村上の劇的な逆転サヨナラ二塁打で、決勝進出が決まりました。

といっても、それは後で見た映像です。実際は三塁ベンチから選手が出ていってしまい、走者が走っているのは見えませんでした。

翔平は大きいのでかえってくるのが見えたので同点になったのはわかりましたが、周東もすぐその後ろを走っていたんですね。

僕はあの周東の走塁がとても嬉しかったです。これまで周東のスピードを発揮できる見せ場があまりなくて、一番すごい試合の一番かっこいい場面で、誰の記憶にも残る周東らしい走塁があったことが嬉しかったのです。

打球判断とか、思い切りの良さとか、周東でなければかえってこられなかったかもしれません。

長い試合が終わりました。いろいろあった苦戦の始まりは、オーバーシフトが裏目に出たところからでしたので、この勝利には僕も救われました。

あらためて冷静に考えてみると、さまざまな葛藤があったからこそ、栗山監督の「ムネに任せた」という言葉が力を生みましたが、不調だった村上に逆転サヨナラの一打が出る確率は、基本的にはそう高くなかったはずです。

これもまた起きなかった世界の話ですが、もし9回ウラが同点止まりだったら、岡本と吉田を交代させてしまったので、タイブレークでは攻撃力低下の影響で苦しい戦いになっていたかもしれません。

栗山監督の「魔法」で村上を覚醒させた9回の攻めだけが、唯一あの試合を勝利に導く手段だったような気がしてなりません。

お祭り騒ぎをよそに翌日の準備

大喜びのお祭り騒ぎでしたが、翌日には決勝戦が待っています。選手たちはホテルに戻ればクタクタに疲れて寝るだけだったと思いますが、僕たちは決勝戦に備えて、もう一度相手チームの選手のデータや映像を見直して、決勝戦の準備に取りかかりました。

メンバーを見るだけで、すごいなという選手ばかり。強烈なラインナップでした。

とはいえアメリカ代表の場合は、情報はふんだんにありますから、打球方向だけでなく打者走者としてのスピードもデータとして把握しておきます。

試合の序盤ではそれほど関係ありませんが、イニングが進むにつれて、ゲッツーを取れる打者なのか、無理だからホームでアウトにできる位置で守らなくてはならないかといった判断が必要になってきます。

先に述べたオーバーシフトも原則としてあまり脚力のない左打者で行います。右打者の場合、内野手を左に寄せるのは無理があります。ファーストはベースカバーに入れるところにいる必要があるので、限度があるのです。

左打者でも俊足タイプであれば、シフトの裏をかかれたり、翔平のようにセーフティーバントを狙われたりするので、あまり極端なシフトは敷きにくくなります。

そのあたりの判断は基本的に僕が任されていますので、状況に応じて栗山監督には、こういうシフトでいきますという答えを持って進言する形をとります。

「憧れるのをやめましょう」

決勝・アメリカ戦の試合開始前、ロッカールームでの声出しで、翔平が落ち着いた声で言いました。

「僕から一個だけ。憧れるのをやめましょう。ファーストにゴールドシュミットがいたり、センターを見ればマイク・トラウトがいるし、外野にムーキー・ベッツがいたり、野球をやっていたら誰しも聞いたことがあるような選手たちがいると思う。憧れてしまっては超えられないので。僕らは今日超えるために、トップになるために来たので。今日一日だけは彼らへの憧れを捨てて、勝つことだけ考えていきましょう。さあ行こう！」

奮い立つような素晴らしい声出しでした。そして、この内容こそ、宮崎での合宿初日に栗山監督が言った「ベースボール発祥の地アメリカに勝とう」を、翔平の言葉で語ったものだと思いました。

一人ひとりのサイズやパワーといったフィジカルを比べれば劣っているかもしれません。でも、侍ジャパンとして結集して、チームプレー、チームワークを磨いてきた全員の力がひとつになれば、絶対にアメリカに負けない。

憧れることなくトップになる――メジャーでトップの場所にいる翔平が引っぱるチームなのだから、必ずできる。そんな気持ちになりました。

投手と打者の勝負が楽しめた決勝戦

先に書いたように準決勝メキシコ戦は、まさに僕の仕事が大忙しでしたが、翌日の決勝アメリカ戦は、あまり僕が忙しく立ち回ることのない試合でした。

個人的な感想ですが、メキシコ戦がいろいろありすぎて、インパクトも強すぎて、世界一が決まった決勝アメリカ戦は、「はじめに」で書いたように、むしろ感慨にふけったり、栗山監督のすごさにびっくりしたり、ジャパンの選手たちのたくましさに感心したりしながら、落ち着いて戦えた試合でした。

打つほうは、2回にすっかり吹っ切れた村上の一発で同点に追いつくと、勢いに乗って攻め立て、ヌートバーの内野ゴロの間に2点目を奪い勝ち越し。4回には岡本のソロホームランで3点目を取り、アメリカを引き離しました。

先制ホームランは打たれましたが、すぐに逆転して、終始リードをキープする展開でした。こうなると守備は〝セオリーどおり手堅く〟が基本ですし、攻撃も予定どおりに進んでいきます。

この試合で光ったのは、日本が誇る投手陣でした。先発の今永昇太から始まり、戸郷翔征、高橋宏斗、伊藤大海、大勢、ダルビッシュ、翔平とつなぎ、ソロホームラン2本による2失点に抑えました。

最後は大谷翔平がマウンドに上がり、併殺で2アウト走者なしで、マイク・トラウトと最後の勝負を繰り広げるという、「はじめに」で書いた場面になりました。

栗山監督と吉井コーチ、厚澤コーチの間では当然、継投策のプランが共有されていたのでしょうが、僕をはじめ、他のコーチは最後を翔平で締めるというプランは明かされていませんでした。

でも、みんな僕と同じように「最後は翔平で終わるんだな」と思いながら試合を進めていたと思います。

僕としては、最後に勝利の守りでセンターに牧原に行ってもらえて、せめてもの恩返しができたと思いました。前の試合では、びっくりさせて困らせるだけになってしまっていましたが、最後の最後で世界一決定の守備に就いてもらうことができました。

もちろん、活躍の濃淡はいろいろありましたが、それぞれが自分の力を出すことで、みんなで勝ち取った世界一だったのは間違いありません。

戦いの終わりと素晴らしい時間

3大会ぶり3回目の世界一に返り咲き、表彰式で金メダルをいただきました。優勝トロフィーも持たせてもらいました。栗山監督を胴上げすることもできました。内野の選手たちと写真を撮ったりして、幸せな時間を過ごしました。シャンパンファイトでは監督やコーチ、選手たちみんなで喜びを爆発させました。この瞬間のために厳しい戦いをやり遂げたのだと思えるひとときでした。

なんだかんだでグラウンドを出たのは深夜の2時くらいだったでしょうか。ホテルに戻ると日本のメディア向けの会見があり、全部終わったのが4時くらい。それで数時間後の朝7時半にはホテル出発で帰らなくてはならない。僕は、荷物をまとめた後、寝ないで時間調整をしました。

7時半にバスに乗ったとき、ダルビッシュが見送りに来てくれました。もう解散したので寝てていいのに。きっと彼にとっても侍ジャパンの仲間との時間は充実した、大切なものになったんだと思います。

チャーター機で日本に戻りました。15時間くらいかかったでしょうか。成田で会見があって、ようやく長い長い一日が終わりました。といっても、栗山監督と選手たちはそのあと首相官邸を訪問しましたので、まだ終わらなかったのですが。

侍ジャパンの投手たち

戦いを振り返ると、担当の内野手たち、担当外の選手たちとの交流も楽しい思い出です。年齢的には離れていますが、一緒に戦った仲間という意識はあります。

翔平は気心知れた仲だとフランクに冗談を言い合うような気さくな選手です。ご存じのとおり、翔平はすごい体をしているので、「すげえな」みたいな感じで体を触ったりしていたら、逆に僕のことをバカにして「なんですかこの筋肉」と触ってくる。ナゴヤドームのベンチではそんなことをしてました。

決勝戦が終わって、「ありがとうね」と話をしていると、「城石さんには二度と会うことないと思うけど」なんて言う（笑）。ふざけてるんですけど、面白くて嫌みがないから、つい笑っちゃうんです。ちなみに、これは白井コーチも言われたそうです。これもファイターズで一緒にやっていたからなのだと思います。

そうかと思うと真面目な顔で、バッティングの話もしてくれます。日本にいたときからすごかったのですが、さらに輪を掛けて進化しています。

翔平のすごさは、なりたい自分とか、やりたい打ち方というのを掲げたら、そのために必要なフィジカルとかトレーニングを逆算して、地道に近づけていく努力をするんです。それで、今やっとできる体になったので、この打ち方をやっていますと。

とにかく、意識の持ち方が普通ではないです。

ダルビッシュとはあいさつ程度の面識しかなかったのですが、今回侍ジャパンで投内連係の練習を通じてコミュニケーションを取るようになりました。年下のピッチャーたちに自分の持っている引き出しを惜しげもなくさらして、良くなるようにと教えているのも目にしました。

日本の野球にも興味を持って取り組んでくれて、というよりとても勉強熱心で、「城石さんは、本とかで勉強するんですか」なんて聞かれたりもしました。読書家なんだろうなと思いました。

宮崎合宿のサウナで一緒になってから山本由伸とも話をするようになりました。独特の鈍感力があって、肝っ玉が据わっています。さすが日本を代表する大投手です。「ＷＢＣって盛り上がりますかねえ」「アメリカ行ったらＷＢＣ盛り上がってるんですかねえ」みたいなことを聞いてきます。

「そりゃ盛り上がるだろうよ」と答えましたが、「そうですかねえ」とピンとこないようでした（笑）。

全体を見渡す源田とマイペースな山田

内野手を預かる立場として、今回は個性的な選手たちが、それぞれのいいところを発揮して、結果を出してくれたと思っています。

取り立ててリーダー的存在というのはいないのですが、試合中は源田が内野の要として、守備位置の情報なんかを把握していてくれて、指示を出してくれていました。ピッチャーに声をかけたりするのも率先してやってくれました。ゲームでの守備キャプテンという感じで、僕としてもすごく信頼して任せていました。

骨折というアクシデントはありましたが、出るんだという気迫を持ち続けていたので、逆に周りの選手たちのほうが、源田を外さないでほしいという気持ちでまとまっていたように感じました。

闘争心という部分でも、全体を見渡すという意味でも内野の精神的支柱になっていたのは間違いありません。彼に若い岡本や村上がついていくような感じでしたから。

それと対照的に……と言ってしまうとなんですが（笑）、そういうところの一切ない山田哲人は、究極のマイペースで、自分のやることを淡々とやっていました。そういう存在もまたチームには不可欠です。岡本にも似たところがあるのですが、スタメンでも控えでもあまり感情の起伏がなく、淡々としています。

ただそんな山田も、決勝アメリカ戦の9回に、併殺打になったセカンドゴロのときは、「やばい、きた、きた、きた」と体がガチガチになったのだそうです。よくミスせずにゲッツーが取れました。

山川は本塁打王に3度輝く日本を代表する長距離砲ですが、侍ジャパンでは代打要員になることが多く、戸惑う部分があったと思います。メキシコ戦の犠牲フライなど、チームのため、その役割に徹してくれました。

牧は明るくて、大きな声でいいムードをつくってくれましたよね。出場という面ではいろいろと思うこともあったと思いますが、いつもやれることを精いっぱいやってくれていました。

中野もそうですよね。こっちは代走からショートをやってもらったり、セカンドもやってもらったり、勝手にお願いしちゃっていますけど、大変な部分は多かったと思います。源田が出られないとき、しっかり勝利に貢献していましたから。すごく大きな働きだったと思います。

外野では近藤が全体を見渡す役割

外野ではセンターをヌートバーが守っていたので、ライトを守る近藤が守備位置や守備の連係では声を掛けていたようです。やはりキャッチャーをやっていたこともあって、全体を見渡せるタイプなのだと思います。

余談ですが、先にも述べたように栗山監督はキャッチャーへの代打を積極的に使っていく監督ですので、ビハインドの展開になって代打が必要なら、キャッチャーを出し切ることに躊躇しません。

実際にそういうことはなくてよかったのですが、もしもキャッチャーを使い切って、最後のキャッチャーにアクシデントが発生したら、捕手経験者の近藤に白羽の矢が立っただろうと思います。

鈴木誠也の離脱

ベンチにも表彰式にも「ＳＵＺＵＫＩ　51」のユニフォームがありました。侍ジャパンの主砲、鈴木誠也は今回左脇腹痛のため、代表に参加できませんでした。

代表経験豊富で、年下の選手も増えたので、チーム全体をまとめる役割も期待されていました。今回はとくにメジャーリーガーとしてヌートバーをフォローする役目もありました。

ずっと4番としてジャパンを引っぱってきた誠也の離脱は、栗山監督にとっても痛かったと思います。

まだまだ若い選手ですので、この悔しさは絶対に次の大会で晴らしてくれるはずです。誠也の離脱は大変ショックでしたが、時間は巻き戻せないので日本にとっては、誠也に代えて誰を招集するか、チームに入りやすいように、どのように迎えるかを考えることが重要になりました。

小技が利いて、内外野を守れる牧原が選出されました。僕の勝手なイメージでは、ガツガツと我の強い性格のプレーヤーだと思っていたのですが、まったくそうではなく、とても率直な感じで人と接する人でした。

東京ドームでも、いつも「緊張する、緊張する」と言っていました。繰り返しになりますが、ピンチバンターがなくなったことと、世界一決定の瞬間に守りに就く場面があったことが、僕にとっての牧原との思い出です（笑）。

栗山監督を世界一の監督にできた

ここまでお読みいただいておわかりだと思いますが、とにかく僕は栗山監督に絶対に「WBCで負けた監督」になってほしくなかった。絶対に勝って世界一にする、その思いが強くありました。そのために、なんとか力になりたいという一心でしたから、それを達成できた満足感でいっぱいでした。

でも、この結果をもたらしたのは、すべて栗山監督のすごさです。本当にイメージのとおりに、世界を動かしたのですから、すごいとしか言いようがありません。

ファイターズの監督を10年間もの長い間務め上げて、ホッとした部分は絶対にあったと思うんです。もちろん、野球にすべての情熱を注ぎ込む方ですから、機会があれば、現場復帰を望んだでしょうが、間を置かずに侍ジャパンの監督を要請されたときには、タイミングについて考えることも多かったと思うのです。

勝負の重圧から解放されたときに、すぐにもっと厳しい勝負への依頼をされて、普通だったら簡単に受けられることではなかったと思います。

2023WBC表彰式時の日本代表

その気持ちは僕もわかっていたので、だからこそ自分の使命として侍ジャパンの監督を受けた栗山監督を、絶対に世界一の監督にすると決めていたのです。

本当にホッとしました。よかったです。

第5章　運と縁に恵まれたプロ野球人生

ドラフト指名時の肩書は「大学中退」

前章までは、WBCを中心に語ってきました。

こうして侍ジャパンコーチ就任会見の日から、世界一になってチャーター機で帰って来た日までの「怒濤《どとう》の97日」を思い出すと、今でも胸が熱くなります。

ひどい時差ボケもあって、しばらくは心が日本に戻ってきていなかったのですが（笑）、いつまでもWBC世界一に浸っているわけにはいきません。

時が過ぎ、僕も東京ヤクルトスワローズの二軍チーフ兼守備走塁コーチとして、忙しい日常を取り戻しています。

ということで、この章では、プロ野球選手、コーチとしての僕の歩み、そして現在の仕事や、将来のビジョンについて語っていきます。

さて、僕のプロ入りまでの経歴は、近年のプロ野球選手の中で、自分でも変わったものだといえます。

何しろどこにも所属していない、「浪人」状態だったのですから。

ドラフト会議では「青山学院大学中退」と発表されました。「フリーター」というわけにもいかなかったからでしょう。

今も昔も、ほとんどのプロ野球選手は、高校、大学、あるいは社会人チームで目立つ活躍をしてドラフトで指名される「野球エリート」です。

「野球エリート」だった高校時代

中学校の軟式野球部で活躍し、埼玉県の強豪、春日部共栄に進み、1年生でショートのレギュラーとなりました。主将を務め、甲子園に2度出場し、卒業後は青山学院大学への推薦も決まりました。

そこでさらに高いレベルで野球を続けていく中でやがて将来が決まっていくのだろう、それがプロ野球選手だったら最高だなあ――そんなぼんやりとした青写真を描いていました。

そんな「エリートコース」を、僕は自分から降りてしまいました。野球部と大学をすぐに辞めてしまったのです。

高校ではとにかく野球中心の毎日。仲間たちとともにストイックに取り組みました。その結果として、甲子園出場という目標を達成しました。やり遂げたという充実感がありました。

その先に何があるのかは、よくわかっていませんでしたが、それまでよりステップアップした別の充実感があるのだろうと、おぼろげに想像していました。

大学が始まるまでの間、友だちと遊んだりするのが楽しくて楽しくてしかたがない自分がいました。周りの友だちは、自由気ままに18歳の青春を楽しんでいることを知りました。

春になって新生活が始まると、僕はエアポケットに陥ってしまいました。僕の帰るべき場所は、がんじがらめのタテ社会で、僕はその「居場所」が嫌になってしまいました。

それくらいのこと、我慢できたのではないか――後に、そう問い直すこともありましたが、そのときの僕には他に選択肢はなかったのです。

僕は野球部と大学を辞めました。

〝栗山選手〟の本で「もう一度野球をやりたい」

それまで僕は父親に手をあげられたことはありませんでした。でもこのときは、こっぴどく怒られました。自分だけのことではなく、大学にも、推薦してくれた高校にも迷惑をかけたのだ――言葉としては聞こえていましたが、心に響くものではありませんでした。

その後しばらく、僕はフリーターでした。実家にいて、あれこれアルバイトをしながら、何をするでもなく夜な夜な友だちと遊ぶ。

そんな暮らしを1年以上も続けていました。将来どうしようというビジョンもなく、楽しい毎日だと思いながらも、こんなことをずっと続けていられるわけがないとわかってもいました。

フラフラとした生活を続けてから、一度目の正月を迎えました。成人式にも出ませんでした。

野球から逃げてしまった自分を恥ずかしく思っていた部分があったのかもしれません。

もう高いレベルで野球ができないという事実。それは自分が選んだことだという事実。そうした事実に真剣に向き合うことができませんでした。

そんなときに、先にも触れた栗山監督が書かれた『栗山英樹29歳―夢を追いかけて』という本に出会いました。

現役晩年を迎えていた栗山選手の本。どうしてその本に巡り合ったのかは覚えていません。

その本には、テストを受けてプロに入った話とか、プロ入り後の苦労話とか、メニエール病という病気と闘いながら現役を続ける若き栗山選手の話とかが綴《つづ》られていました。

病気のせいで自分が思い描くプレーができないもどかしさに悩む栗山選手の言葉に触れました。

元気を持て余しながら野球から逃げている自分はなんなんだろう。この本のおかげで、嫌でも自分に向き合いました。

そして、おぼろげながら「もう一度野球をやりたい」という気持ちが芽生えてくるのを感じていました。

「手伝ってやろうか」父の言葉

ちょうどその頃のこと、突然父親が「お前、もう一回野球やる気ないのか。野球やるんだったら、俺が手伝ってやろうか」と言ってくれました。

大学を辞めるときには激怒した父でしたが、その後、僕がフラフラしている間は、「就職しろ」とも「遊ぶな」とも一切言いませんでした。

ずっと実家にいて、夜遊びしては朝に帰ってくるような息子を見ていて、どんなに不安だったろうかと思います。

今思えば、父親はその不安を押し殺して、僕が自発的に何かをやり始めるのを待っていたのかもしれません。

そして、見ていないようでよく観察していて、僕が野球をやりたいと思っているのを感じ取ったタイミングを逃さずに、助け船を出したのではないかと思います。

僕は迷わずお願いしました。

こんなことを続けていてもしかたないという思いは日に日に強くなり、また自分が本当にやりたいのは野球だという思いも強くなっていました。

栗山選手の本で生まれた欲求。それが父親の言葉ではっきりしました。スイッチが入ったように感じました。

しかし、手伝うといっても父親には仕事があります。仕事前の朝5時に近くの公園のグラウンドに行って、キャッチボールをして、ノックをしてもらいました。

それが何月のことだったか正確には覚えていませんが、大学を辞めてから1年以上過ぎていたと思います。

親子二人の自主トレは、野球と呼べるものではありませんでしたが、それでも僕は野球ができる喜びを体じゅうで感じていました。

入団テストに向けて練習を本格化させる

最近では、独立リーグや育成契約、トライアウトなどの仕組みが整備され、ユニークな経歴を持つプロ野球選手も珍しくありません。

でもその頃は、一度路線を外した選手がプロに挑戦する道は狭く、各球団で行っていた入団テストくらいしかありませんでした。

父親との練習を何カ月か続けた1993年の秋、僕はスワローズの入団テストを受けました。

結果は、何か通知が来るでもなく、当たり前のように不合格に終わりました。野球から離れるというのはこういうことか、甘くないなと思い知りました。

その冬、父親はつてをたどって、僕が社会人野球の名門・東芝で練習できるよう手配してくれました。

本気でテストを受けたいのなら、うちの練習に参加していいよと言ってもらえたのです。

冬の期間、12月から翌年2月までの3カ月間、東芝の練習生としてみっちり練習させてもらいました。実家の大宮から朝5時の京浜東北線に乗って練習グラウンドのある鶴見まで通いました。

練習はめちゃくちゃきつかったです。それはそうですよね。東芝といえば社会人でも全国屈指の強豪です。

今思うと「なんだコイツは？」って感じだったと思うんです。大学を辞めてフラフラしていたヤツがいきなりやってきたのですから。

でも、先輩たちは本当に温かく接してくれました。監督も含めて歓迎してくれて、最高の環境で練習することができました。

あまりにも長い時間、野球から離れていたために、プレーをすることに恐怖すら感じていたのですが、練習をしているうちに徐々に感覚が戻ってきました。そして、自信も徐々に回復してきました。

便宜を図ってもらったこの東芝での3カ月間がなければ、僕がプロ野球選手になることは絶対にありませんでした。感謝してもしきれません。

ファイターズの入団テストに合格

東芝での3カ月を経た1994年3月、僕はファイターズの入団テストを受けました。

秋のスワローズのテストのときとはまったく違う自分がいて、まったく違うパフォーマンスができました。なんと、受けたその日、その時点で、「すごく興味がある。今年のドラフトで獲るから」と言われました。

そう言ってもらえたのはよかったのですが、まだ3月です。「今年のドラフト」は11月18日の予定です。

本当に指名してもらえるのか、それまでどうしていればいいのか……不安と疑問でいっぱいでした。

当時ならではの話ですが、どこにも所属していない僕は、ファイターズの秘密の練習生になりました。

その頃、ファイターズの二軍の練習グラウンドは川崎市中原区の多摩川丸子橋にありました。合宿所もそのすぐ近くにあったのですが、このグラウンドは設備的に問題があったため、ファームのホームゲームは相模原で行うようになっていました。

そのため、二軍戦がある日は合宿所の室内練習場が空いていました。僕はそこへ通って練習するように便宜を図ってもらいました。寮長とキャッチボールをしたり、マシンで打ったりしていました。

練習場が使えない日は、バッティングセンターに行って打っていました。プロ野球選手になるのを約束されているのに、試合に出ることもノックを受けることもない、不思議な8カ月を過ごしました。

そして約束の日、最後の順位でしたが、約束どおりにファイターズからドラフト指名され、晴れてプロ野球選手になりました。

こうして振り返ると、僕がいかに人の縁と運に恵まれて、支えてもらえたおかげでプロ野球選手になれたかが、あらためておわかりいただけると思います。

今僕がプロ野球界でコーチとして生きているのも、こうした経歴の中で体験してきたこと、人の温かさがベースにあるのは間違いありません。

影響を受けた二人のコーチ

僕が現役選手だった頃、多くのコーチに指導してもらいましたが、中でも最もインパクトがあったのがファイターズ入団当時に指導された猿渡寛茂さんです。

何がすごいって、とにかく量と時間です。寮に泊まり込んで、ずーっと一緒にやってくれるんです。

二軍で試合があれば、試合後にまず練習。寮に戻れば夜間練習。本当に、よくそこまで体力が続くなと思うくらいの熱血指導でした。

今思い出して、どんな内容の練習がよかったというのは正直ありません。それでもあの練習のおかげで、守備の専門家として長く現役生活を続けられましたし、守備を中心に野手コーチとしてやっていられると感謝しています。

ただ、今同じコーチとして同じことをやれるかというと、やらないと思います。時代の違いと言ってしまえばそれまでですが、今はケガのリスクを避けながら、効率的にトレーニングする方法がいろいろ取り入れられています。量をやればいい、時間をかければいいということではないと思うからです。

もう一人は、ライオンズで監督もされた辻発彦さんです。スワローズ時代に指導してもらった辻さんのスタイルが僕のコーチの基本となっています。

スワローズに移籍したあと、二軍にいた時期がありました。月曜日、休みの日に僕はスワローズの練習場がある戸田に来てマシン打撃をしていたのですが、そうすると二軍の守備コーチだった辻さんが住まいの所沢からわざわざ出てきてくださって、付き合ってくれるんです。といって、何かを押しつけるでもなく、打ち方についてとやかく言うでもなく、アドバイスはくれる感じ。あくまでも、お前がやるんだったら付き合うよというスタンスなのが嬉しかった。ああ、ここまでやってくれるんだと。

強制したり強要したりせず、ほどよい距離感を保ちながら、自主的に練習する選手に寄り添い、アドバイスする必要があることだけを伝える。僕も辻さんのコーチングを踏襲しています。

現役引退してすぐコーチに

苦労して入ることができたプロ野球の世界で、ファイターズで3年、スワローズで12年、計15年もの間、選手でいることができました。

ただ、ケガも多く、レギュラーとして活躍できたのは2年ほどで、規定打席に到達したシーズンはありませんでした。通算のヒット数は376本、本塁打は25本、打率は・234と、打者としての成績に特筆すべきものはありません。

でも、多くの選手が短い期間で選手生活を終えていく中で、守備という得意の分野を生かして、長期間チームから必要としてもらえたことは誇りに思っています。

36歳、腰痛や左右の肘など痛みをこらえてプレーしてきましたが限界でした。2009年秋、現役引退と同時に僕のコーチ生活が始まりました。

スワローズ球団に引退の意向を伝えると、当時監督だった高田繁さんから、コーチをやらないかと声をかけていただきました。

コーチとして次世代の選手を育成する仕事にはとても興味がありました。もちろん、長年この世界にいて、引退後もコーチとして球団に残る人はほんのひと握りで、とてもありがたいことなのは理解していました。

「ぜひ、お願いします」

ふたつ返事で答えました。

当初、球団からはファームのコーチをという話でしたが、数日後には一軍の守備走塁コーチでと急きょ変更になりました。その理由を尋ねたりはしませんでしたが、たまたまそういうタイミングだったのでしょう。

ひょっとしたら、選手たちと年齢が近いことが、チームのニーズと合致していたのかもしれません。

コーチには、練習を円滑に進めるためのスタッフという役割があります。守備担当のコーチであれば、ノックを打つという「作業」もありますので、単純に若くて体が動くというのは武器になります。

また、兄貴分のように相談しやすいコーチというのも必要価値があります。

僕も現役時代の最後のほうは、周囲は年下の選手が多くなっていて、後輩たちとコミュニケーションをとって、チームの雰囲気を良くするのも自分の役割のひとつだと思っていました。

もともと僕は、プライベートでは他人を寄せつけないといった性格でもありません。すんなりとはいかなかったプロ野球入りまでの経緯や、多くの時間を控え選手として過ごしてきたそれまでの経歴から、後輩たちの目には「相談しやすい人」と映ったのかもしれません。

コーチとして試行錯誤

コーチという職業は、非常に幅があります。一人のコーチがやる役割という意味でも、練習のサポートから技術指導、選手のマネジメント、試合中の戦術伝達など、非常にたくさんの仕事があります。

その中で、コーチそれぞれに求められるものも違えば、選手それぞれアプローチのしかたも違います。

一般には、コーチといえば「技術指導」が最重要と思われがちですが、それだけではありません。現実に僕にとっては、自主的に練習をしたいと思ったときに寄り添ってくれて、ソフトに導いてくれた「師匠」辻さんのスタンスがとてもいいと感じられました。

でも、プロとしてやっていく心身の基礎をつくったのは、強制的な猿渡さんのやり方だったのかもしれません。

スワローズで守備走塁コーチを務めた5年間は、自分自身、コーチとしてのやり方をいろいろと悩みながら、試行錯誤した日々でした。三塁ベースコーチを務めたりして、非常に多くのことを経験した5年でもありました。

バッティングコーチを経験する

2014年、契約満了に伴いスワローズを退団した時点では、次のシーズンの身の振り方は決まっていませんでした。まだコーチとして確たるスキルがあるわけでもなく、先にオファーがあるといった立場ではありませんでした。

そんなとき、ファイターズ球団からコーチの打診がありました。当時のフロントに、僕が選手としてファイターズにいた頃、編成だった方がいて、声をかけていただきました。人とのつながりの大切さを感じました。

来たる2015年シーズン、ファイターズは栗山監督がチームを率いて4年目を迎えようとしていました。

　僕へのオファーは、意外なことに「二軍のバッティングコーチとしてどうだ」というものでした。

　僕の現役時代の強みは守備でしたし、自分自身、打撃を指導するイメージが湧かないのが正直なところでした。でも、コーチとしてやったことのない分野に挑戦できるのは、スキルアップのためにとてもいいことだと思い、喜んで受けることにしました。

　実際、それまでのスタンスを大きく変えるのではなく、練習にとことん付き合う、やりたい練習ができるように手伝う、変化を観察して上達できるようフォローするといった「一緒にやろう」というアプローチで取り組んでいきました。

　どのバッターも才能を見込まれて入団しているのですから、良いところを伸ばすのが最も大切なことだと思っていました。

栗山監督と一緒に戦う

二軍バッティングコーチを1年経験したあと、翌年は一軍のバッティングコーチに役割が変わりました。この配置変更も本当に意外でした。二軍のバッティングコーチであれば、練習に付き合うというスタンスでもいいと思いますが、一軍ではそうはいかないのではないか、どうしてバッティングコーチなんだろうと。

一軍のバッティングコーチは、かなり責任重大です。シーズンのチーム打率に責任を負い、成績が悪いと解任されたりするケースをよく見てきました。

でも、二軍で1年間やってきた僕のやり方を見た上で、そういう配置変更になったわけですから、僕が悩むようなことではありません。基本的なそれまでと変わらないスタンスでやっていこうと思いました。

来たる2016年シーズン、ファイターズに所属していた大谷翔平は4年目を迎えていました。栗山監督にとっても球団にとっても、非常に重要な年になるのは間違いありません。今考えると、そういう時期だからこそ、僕のようなタイプのコーチが一人必要と、球団は考えたのかもしれません。

実際にシーズンが始まると、選手とのコミュニケーションを密にする以上の仕事を自分で考えなければいけないと、考えるようになりました。

ファイターズで日本一

その結果として、「攻撃担当ベンチコーチ」的な働きをするようになりました。もちろん代打の準備をするのはバッティングコーチの役目ですが、それを発展させて代走や守備固めを含む控え野手全体とコミュニケーションを取りながら、出場の準備をさせて、監督に伝えるという仕事です。

もちろん勝手にやったわけではありません。栗山監督は普段からミーティングで担当の垣根を越えてアイデアを募ったり、意見交換をしたりしますので、そうした中でできてきたのが、僕のベンチコーチ的な役目でした。

一軍打撃コーチの1年目は、栗山監督5年目となる2016年です。この年、ファイターズは4年ぶりのリーグ優勝を成し遂げました。

バッティングコーチですから、チーム打率やチーム本塁打数が増えたことも嬉しかったですが、それは選手たちが頑張った結果です。僕にとっては、一軍のベンチで栗山監督と一緒に戦い、勝てたことが何よりの喜びでした。

クライマックスシリーズ・ファイナルは、最後まで優勝を争った福岡ソフトバンクホークスとの決戦になりました。

日本シリーズ進出を決めた第5戦、最終回のマウンドに上がったのが翔平でした。その試合はDHで出場していましたが、それを解除して「クローザー」として登板。今思えば、WBC2023の下敷きになっていたのかもしれません。

日本シリーズは広島東洋カープを4勝2敗で破り、10年ぶりの日本一に輝きました。

二刀流挑戦を目の当たりにする

この年は、翔平がプランどおりに「リアル二刀流」を実現させた年でもありました。

投手として登板しない日はＤＨとして主軸を打ち、先発投手の日はＤＨを使わないで主軸打者としても打席に入る。

もちろん日本中で話題になっていましたから、ヤクルトでコーチをしていた頃から、翔平の二刀流チャレンジについては知っていました。野球界でも解説者たちが、いろいろ言っていて、どちらか１本でやったほうがいいんじゃないかというのが支配的だったと思います。

僕もそう思っていましたので、だったらピッチャーだろうとか、いやバッターだろうとか、周囲の人たちと勝手にあれこれ話をしていました。

ところが、ファイターズにやってきて、実際に打撃コーチとしてバッティング練習を見たら、もう自分の狭い見識が恥ずかしくなる思いでした。

今まで見てきたどのバッターより明らかにすごいバッティング練習でした。スイングスピード、パワー、ダントツでした。

「ああ、これは二刀流やるよな」と納得しました。何か技術的なことを教えるとか、まったくありません。誰もあんなふうに振れないし、誰もあんなふうに打てないですから。

コーチとしてできるのは、もうケガをしないように万全の注意を払うだけです。環境だけはきちんと与える。後はもう勝手に上達して、勝手に成長していました。言えるのは、そのチャレンジと成長をすぐ近くで見られたのは、僕にとって貴重な経験だったということです。

翔平のように、いくつもの天賦の才に恵まれた選手でも、目標に近づくためにはどうすればいいかを真剣に考え、毎日コツコツと努力を積み重ねている。ほぼすべての選手は翔平ほどの才はないのですから、せめて努力の質と量は翔平に負けないくらい気を使って、続けていかなくてはいけない。

翔平は計画どおりに体を鍛えて、技を磨いて、着実にステップアップしてきました。若い選手たちにはその事実を伝えることができます。

2 球団との縁

2016年から19年までの4年間、栗山監督の下、一軍打撃コーチを務めました。自分が得意としていたのと違う部門を経験することで、コーチングの幅を広げ、スキルアップできたと思っています。

その後、20年から21年までの2年間は、二軍守備コーチに配置転換となりました。ある意味で「持ち場」に戻ってきたような感覚がありました。

21年オフ、スワローズから再びオファーをいただき、22年シーズンから二軍チーフ兼守備走塁コーチに就任し、現在に至っています。

お気づきでしょうが、不思議なことに僕はスワローズとファイターズにご縁があり、2球団を行ったり来たりしています。面白いことに、それは入団する前から始まっています。

入団テストはスワローズで落ちて、ファイターズで受かりました。ファイターズに入団して3シーズン、選手として活躍する間もなく、スワローズにトレードとなりました。それから選手として12年、コーチとして5年、合わせて17年間お世話になり、またファイターズに移ってコーチを7年。そしてまたまたスワローズに移ってコーチ2年目です。

そういえば、僕の野球人生に多大な影響を与えた栗山監督も、所属したのは、スワローズとファイターズです。

両球団には、少し似ている部分があるなあと思います。

一番は、ドラフトで獲得した選手を育成し、レギュラーに育てる方針の球団であること。

それと、フロントと現場の一体感があり、風通しがいいと感じるところも似ているように思います。

ただ、その「一体感」には少し違いというか個性があります。

スワローズのフロントには、コーチを経験された方がいたりして、できるだけフロントと現場の境界線をなくすようにして一体感をつくっています。そのため、アットホームというか、家族的というか、情緒的というか、そんな感覚があります。

一方、ファイターズのほうは、フロントと現場は完全に線引きされています。それぞれの持ち場は、それぞれの専門家が担当していて、お互いが何をやっているかを理解し合いながら、同じ目的に向かって進んでいきます。組織とか仕組みがしっかりしていることで一体感が生まれています。

二軍チーフコーチの仕事

僕は今、スワローズの二軍チーフ兼守備走塁コーチとして、内野手を見ています。これが基本的な仕事です。

その上で「チーフ」という肩書をいただき、フロントと現場が一貫した育成を行えるよう責任を持っています。

フロントの預かり知らないところで、現場が勝手な方向性で育成をすることがないよう、ミーティングなどを通じて、フロントと現場の認識を擦り合わせていくということです。

そして共通認識となった育成方針に沿って、練習メニューを考えたり、二軍戦の出場機会を調整したりしています。選手の育成段階によって、どれくらい試合に出すべきかというのは違ってくるので、選手ごとに年間でどれくらい出場させるかといった計画を立てるのです。

僕はこういった取り組みに大変興味を持っていましたが、経験する機会はなかったので、お話をいただき、ぜひやらせてほしいと受けました。

とくに完成された仕組みがあるわけではないので、スカウト、育成部門、池山監督とも相談していきながら、良いと思ったことを進めています。やりながら仕組みをつくっていく感じです。

育成を現場任せにしない

先述したとおり、ファイターズは仕組みづくりという部分で確立したものがありました。今はどの球団でも熱心に取り組んでいるようですが、やはり参考になる部分は多くあります。

簡単に言うと、昔は「現場任せ」の部分が多かった。球団が獲得した選手を現場に委ねて、現場はその選手に自由にアプローチする。それがうまくいく選手ももちろんいますが、そうではない選手も出てきてしまいます。

でも、その選手に対してどのような育成を行ったかは、現場しかわからない――というのでは、フロントとしては困ってしまうので、そういうのをなくしましょうというのが主な狙いです。

スカウトが獲得してきたとき、こういう部分をこういうふうに伸ばしたいという思いがあるのですから、現場はそれをしっかり理解して、育成イメージを明確にするということです。

プランは選手ごとに個別に立てるのですが、スカウトが期待している部分を引き出せるように期間を設けて計画します。それをフロント、スカウト、現場で共有して継続して見ていけるようにしています。

もちろん、即戦力の選手であれば、すぐに一軍で試合に出る選手もいます。育成期間は選手それぞれですが、それもまた同じ認識で見ていくということです。

プランが計画どおり進んでいるかどうか、定期的にミーティングを行って確認しています。フロント、スカウト、コーチ、さらにトレーニングコーチやトレーナーも参加して、月に1回くらいのペースで行っています。

おそらく、私がこの役目に就く前も、スワローズで同様の取り組みはあったとは思います。フロントの育成担当者と僕が中心になって、これまでよりさらに踏み込んで情報共有を密にして、機能的な仕組みにしようと取り組んでいるところです。

大切にしたいスカウトの思い

この取り組みの中で、僕が一番大事にしたいと思うのがスカウトの思いです。実際に汗水垂らして何度も足を運んで、試合だけでなく練習まで見て、プレーだけでなく精神面なんかも感じるものがあります。

そういう生で見てきたものは、僕たちが映像で見るよりもはるかに情報量が多いんです。良いところだけでなく、悪いところ、改善してほしいところもあります。

まずは、こういう選手に育ってほしいというスカウトと球団の思いを聞くことが一番だと思っています。

その思いをしっかり受け止めれば、現場で好き勝手に「こういうイメージの選手だと思います」などと決めて進めてしまうことなどできません。預かる現場にはそれだけの責任があるのです。

思いを尊重し、まずはそこに向かって行ってみる。

その後、フロントやスカウトから聞いていたイメージと違っていて、どうなんだろうと思うことはあります。

それでも、自分の独断で否定するのではなく、ある程度の期間、よく観察しながら、当初聞いていた方向性と擦り合わせていくという姿勢でやっています。

そういう場合でも、獲ってきたスカウトの思いを最優先するのは揺るぎません。

その上で、技術面のスペシャリストであるコーチが手助けをする。フィジカル面のスペシャリストであるトレーニングコーチやトレーナーがケアをする。

それぞれスペシャリストたちが自分の仕事をまっとうし、仲間の仕事を尊重する。それが組織の良さだと思います。

大きく変わった育成の手法は

僕が新人としてプロ野球界に入ってから約30年、育成の手法はずいぶんと様変わりしました。

なんといっても僕らの頃はとにかく「やれ！」でしたから。でも、僕はそのおかげで長く現役を続けられたと思っているので、間違っているとまでは思いません。

でも野球の技術でも、トレーニングの分野でも、どんどん情報がアップデートされています。情報量も非常に多いです。

そもそも野球のレベル自体が飛躍的に上がっています。ピッチャーの投げる速球は150キロが当たり前。変化球の種類は増える一方です。バッターのスイングスピードも上がっていますから、打球の速度も速くなっています。

そうなると、当然その標準に追いつくために、やるべきことも変わってきます。だから、僕らも自分たちの感覚だけで選手に言ったところで、それが現在正しいかというと必ずしもそうではないことも多いのです。

昔と大きく違う点として、映像の活用があります。あるプロ野球選手のバッティングフォームを参考にしたいとします。昔だったらテレビ中継を録画して、再生するといった手間が必要でしたし、そこまでしたところで使える映像にならなかったかもしれません。

ところが今だったら、ＹｏｕＴｕｂｅで検索すればたちどころにその選手の動画がいくつもいくつも見られるでしょう。

自分のバッティングフォームを録画して確認したいと思ったら、昔ならビデオカメラで撮影してカメラの小さいモニターで見るか、テレビにつないで再生するかでした。今ならポケットに入れたスマートフォンで撮影して、すぐその場で見られます。

映像の活用には落とし穴もある

ただし、うまく練習に取り入れたり、効果的に活用したりするのは意外と難しいことです。

その理由は、あまりにも安易に情報が手に入るため、自分はそこにいないのに、すぐにそこへ行けてしまうと勘違いしがちなことにあります。

当たり前のことですが、やり方を知っているということと、できるということはまったく別のことです。

たとえば、翔平のバットスイングの映像があって、それを参考にフォームを真似しようとすることはできても、本当に翔平のスイングスピードやパワーを得ることはできません。翔平と同じスイングができるようになるためには、そのための筋力や柔軟性などフィジカル面が同じでないとできません。

完成品の映像を見ても、そこに至るプロセスは見えません。その当たり前のことがわからないというケースが本当に多いのです。

体づくりにしても、トレーニング方法にしても、本当に安易に映像を入手することができます。でも、トレーニングの意味を正しく理解しないと、邪魔になる筋肉を増やしかねません。

トレーニングコーチも、この時代は難しい部分があるだろうと思います。

ジェネレーションギャップは受け入れる

コーチになったばかりの頃は選手と年齢が近い「兄貴分コーチ」でしたが、いつしか親子ほどの年齢差になってしまいました。

当然ジェネレーションギャップがあるのですが、僕はそれで悩むようなことはありません。

先述のとおり、野球はレベルアップしていますから、自分の時代の常識や感覚を押しつけたところで、それが正しいとは限りません。むしろほとんどが間違いなのではないかと思います。

僕らもたぶんそうだったのでしょう。若いときにコーチングしてくれた人たちもそれを感じたと思うし、そのギャップを埋めるのはなかなか難しいです。

だから、僕は丸ごと受け入れます。自分の感覚を押しつけたところで選手たちにとっては理解不能でしょうから、僕らの時代に照らし合わせないで、今の選手たちの感覚とか、尺度をそのまま受け入れます。

自分で考えないとうまくならない

僕は、自分の現役時代について後悔していることがひとつあります。それは、もっと若い時期から自分で考えて、自分がやりたい練習をやればよかったということです。

若い頃、僕はやれと言われたことを、言われたまま従順にやるタイプの選手でした。自分の思っていることとか、やりたいことが言えない、言いにくい環境でもありました。

僕が一軍の試合に出始めたのは、30歳手前くらいでした。その頃になってようやく、自分で考えてやりたい練習ができる環境になりました。いい選手を参考にして、その選手のようなバッティングをするには、どんな練習が必要かを考え、やってみました。

そういう練習のしかたをやってみて、そちらのほうが、成長スピードが速いことに気づきました。本来、年齢が上がると成長速度は遅くなるものですが、自発的に取り組む練習であれば、その限りではない。だとしたら、もっと若いうちから、そういう練習をしたらよかった――。

自分の目で見て、自分の心で感じた「こうなりたい」という気持ちを持って、自分の頭で考えた練習をする。そのためにコーチに相談して、アドバイスをもらって実現する。本当に上達のスピードが速くなったので、もっと早くそうすればよかった、気づくのが遅かったと悔やみました。

だからこそ、今の選手たちには、同じ後悔をしないでほしいという気持ちでコーチングしています。

自分の頭で考えないと上達しないということを教え、やりたい練習を言いやすい環境を整えています。

僕と同じような思いを抱えて現役を辞めるということだけはしてほしくないのです。

自分の頭で考えなければうまくならないという考え方は、コーチになってからも役立っています。

頼られすぎないよう一定の距離を

少しでも速く成長できるように自分の頭で考えてきたコーチ業ですが、自分がどの程度の実力を持っているのかは、よくわかりません。

目指す「理想のコーチ像」としては、頼られすぎないように一定の距離感を置きたいというのはあります。

コーチに頼りすぎると、自分の頭を使わなくなってしまいます。それでは上達のスピードを遅くするだけです。

コーチの立場として選手を見ていると、気になるところがいっぱいあります。でも、自分自身の「異変」を感知して、自分自身で修正できるようになるためには、簡単には教えないとか、気づくのを待つといったことが必要になるケースもあります。

そういうことも考えると、やはり近くに寄りすぎないのが重要です。

ファイターズやWBCで一緒だった吉井理人さんも著書『最高のコーチは、教えない。』で、「教える」という行為には数多くの危険が潜んでいることを指摘していますが、実感してきた内容が多く記述されていました。

いつでも野球の近くにいたい

現在、二軍で「チーフ」という仕事を任せてもらい、自分の専門分野である内野守備だけでなく、さらに俯瞰《ふかん》して全体を見ていくことになり、仕事の幅が広がりました。フロント、スカウト、各ポジションのコーチ、トレーニングコーチやトレーナーと綿密にコミュニケーションを取りながら、若い選手たちの育成に関与していくのは、非常にやりがいを感じています。

また、それを通して、フロントと密接な接点ができたことも新鮮です。スワローズの場合は、コーチを経験した方がフロントで活躍されることも多々あり、これまでユニフォームしか着ていない僕には、そういう仕事にも関心があります。

今は、コーチとして自分の役割を果たすことに精いっぱいの日々です。ファームのみの球団が増えるといった話も聞きますが、現状NPBは12球団で、コーチ職の人数に限りもありますので、いつまで要請が続くかはわかりません。

それを思うと、コーチという仕事以外に僕は何ができるのだろうかと考えてしまうことがあります。

堂々巡りになりがちな思考はいつも、「できるかできないかはともかく、できるだけ野球の近くにいられるようにしよう」という結論にたどり着きます。

先にも述べたように、若い頃、僕は自分から野球と距離を置きました。奇跡のような縁と運に恵まれて、帰りたいと熱望した野球の世界に戻ることができました。

だからこの先、「いらない」と言われても、自分の意思で野球からの距離が遠くならないようでいたいと思うのです。

野球を未来の世代に

今、僕は海の近くに住んでいるのですが、砂浜で野球の練習をやっている子どもたちがいるんです。

足腰が鍛えられるのはいいかもしれませんが、やっぱり野球をするのに砂浜は不向きです。思いっきり野球ができる練習グラウンドが近隣にはないのだろうかと不思議に思いました。

気軽にキャッチボールができる公園も少ないといいます。そういう環境を用意するいい方法はないのかな、そんなことを考えます。

栗山監督のように野球場を造ることはできなくても、何かもっと違った形で子どもたちが野球を楽しむ手伝いをしたいと思っています。

子どもが減って、地域の野球チームに参加する選手も減って、そうするとチームでバッティング練習をしようと思っても、そんなにできないということになってしまうと思います。

どうにかして場を提供して、僕が今まで経験したことを子どもたちに還元して、伝えることができたらいいな。

子どもたちが野球って面白いなと思って、上達できる空間ができないかな。そんなことを考えたりします。

多くのプロ野球選手やOBが野球塾など、いろいろと考えてやっているようですので、そういうところにヒントを得て、いつか僕もやってみたいと思っています。

2023年のプロ野球は、人数制限も応援制限もなく、大人も子どもも久しぶりに球場を楽しんでもらっているようです。

WBCの盛り上がりが、そのままNPB各球場の盛り上がりにつながったと聞き、嬉しく思います。

世界一になったことで、子どもたちが野球の楽しさ、素晴らしさ、すごさを感じることができたのは、本当によかったと思います。

おわりに

『ＷＢＣ史上最高視聴率48・7％　侍ジャパン準々決勝イタリア戦』
準決勝のメキシコ戦を控えて、僕たちはマイアミにいました。

便利なもので、海外にいても日本にいるのと同じように携帯電話から日本のニュースサイトを見ることができます。旅立つ前に行われた準決勝イタリア戦の視聴率がＷＢＣ史上最高だったという記事を読み、そんなにもたくさんの人が興味を持ち、テレビを通じて応援してくれたのかと、あらためて驚きました。
決勝戦でアメリカに勝って、とんぼ返りで日本に戻ってきました。僕は数日のお休みをいただきましたが、毎日毎日、いろんなメディアでＷＢＣのことが報じられているのを目の当たりにして、侍ジャパン世界一が日本のみなさんにとっても、ここまで嬉しい出来事だったのかと、信じられない思いでした。

その後も朝昼のワイドショーなどでは、翔平、ヌートバー、ダルビッシュ、吉田といった侍ジャパンのメジャーリーガーたちの活躍をずっと伝え続けていました。ＮＰＢが開幕すると侍ジャパンのメンバーたちの様子も注目されていました。

ここ数年はコロナの話題が中心でしたが、野球の話題が完全にそれに取って代わっていました。新ルールのピッチクロックの話題、ＭＬＢで使用を許可されているピッチコムが故障したといった話題まで、こと細かく伝えられているのには、不思議な気持ちになりました。

ふと思ったのは、もし世界一まで届かなければ、ここまで関心が持続することはなく、この大会で起きたいろいろな出来事も、これほど語られることはなかったでしょう。すでに「忘れたい記憶」になっていたかもしれません。

逆に、敗因となったプレーだけ着目されて、「黒歴史」のような語り草になっていたことも十分考えられます。でも、それが勝負というものです。

だからこそ栗山監督を「負けた監督」にせず、「世界一を成し遂げた監督」にしたいと強く思い、それが実現できて本当によかったと思っているのです。

嬉しいことに、優勝した日本だけではなく、世界の多くの国々でWBCの注目度が上がったのだそうです。まだ歴史も浅くいろいろと課題の多い大会ですが、もっと多くの国でこの面白い競技が楽しまれ、普及されるようになったら嬉しいです。

WBC2023の侍ジャパンには、アニメのヒーローのような大谷翔平がいて、アニメのストーリーのようなチームワークがありました。

このチームの躍進が、これからも多くの人を感動させ、多くの人に愛される伝説になったら、そして、世界中で野球が発展する原動力になったら、こんなに痛快なことはありません。

栗山監督のように、まったく邪念なく野球の力を信じ、選手の力を信じるのは、今の僕にとってはまだ難しいことです。

でも、一人でやる必要はないのだと、僕は野球を通じて学びました。これはＷＢＣであらためて感じました。

仲間を信じ、心をひとつにして立ち向かえば、憧れにすぎなかった夢にも近づくことができるし、夢をかなえることだってできる。

今の僕にできることは、夢を持って頑張っている若い選手たちと一緒に、それを手伝うこと。それを一生懸命やり続けていきます。

その先にまた僕自身の未来も拓けていくのだと信じて。

最後になりますが、この場を借りて、野球人・城石憲之をこれまで支えてくださったすべての方に感謝し、お礼を申し上げます。みなさんとのご縁がなければ、僕がこのような晴れがましい思いをすることはありませんでした。

そして、日本の野球界を応援してくれるすべての野球ファンのみなさんにも感謝をしています。

最後まで読んでいただき、本当にありがとうございました。

２０２３年5月　城石憲之

世界一のベンチで起きたこと

2023WBCで奔走したコーチの話

2023年8月5日　初版発行

著者　城石憲之

城石憲之（しろいしのりゆき）
1973年生まれ。春日部共栄高、青山学院大（中退）を経て95年ドラフト5位で日本ハム入団。98年ヤクルトへ移籍し、09年現役引退。引退後は10～14年までヤクルト、15～21年まで日本ハム、22年からは再びヤクルトでコーチを務める。2023年のWBCでは日本代表の内野守備・走塁兼作戦コーチを担当。

発行者　横内正昭
編集人　内田克弥
発行所　株式会社ワニブックス
〒150-8482
東京都渋谷区恵比寿4-4-9えびす大黒ビル
ワニブックスHP　http://www.wani.co.jp/
（お問い合わせはメールで受け付けております。
HPより「お問い合わせ」へお進みください）
※内容によりましてはお答えできない場合がございます

装丁　小口翔平＋村上佑佳（tobufune）
フォーマット　橘田浩志（アティック）
構成　菅野徹
校正　東京出版サービスセンター
協力　ヤクルト球団
編集　大井隆義（ワニブックス）

印刷所　凸版印刷株式会社
DTP　株式会社 三協美術
製本所　ナショナル製本

ISBN 978-4-8470-6696-2
WANI BOOKOUT　http://www.wanibookout.com/
WANI BOOKS NewsCrunch　https://wanibooks-newscrunch.com/